Eine Rose ist eine Rose ist eine Rose ...

Gertrude Stein

GINA HELLMANN

MEIN MAGISCHES ROSENBUCH

Smaragd

Ich danke allen herzlich,
die mir bei diesem Buch geholfen haben,
ganz besonders aber Melissa Bónya,
ohne deren tolle Rezepte und Ideen
dieses Buch nicht dieses Buch wäre!

Erstauflage Juli 2001

Titelbild: XPresentation

nach einem Foto von Jimi Glas

Satz : XPresentation, Boppard

Printed in Czech Republic

ISBN 3-934254-33-0

e-mail: smaragd-verlag@t-online.de

www.smaragd-verlag.de

Dieses Buch gehört:

....

Die Rose, die Rose, sie duftet so hold,
Ihr dünkt so unendlich der Morgen!
Sie blüht dem ergrauenden Gärtner zum Sold,
Der schaut sie mit ahnenden Sorgen.
Der gestern des eigenen Lenzes noch pflag,
Sieht heut schon die Blüte verdorgen –
Doch seit eine Rose zu denken vermag,
Ist niemals ein Gärtner gestorben!

Gottfried Keller

Inhalt

Dante Gabriel Rosetti: *Die Braut*

Die Rose ist unendlich viel mehr
als nur eine errötende Entschuldigung
für ihre Dornen.

Tagore

Bezaubernde Rose

Liebe Leserin, lieber Leser,

Sie lieben Rosen? Nun, da haben wir, Sie und ich, etwas gemeinsam.

Kein Wunder - wird doch die Rose bereits von Sappho, der berühmten griechischen Dichterin, (um 600 v. Chr.) als *Königin der Blumen* besungen. Und was könnte romantischer sein als eine Rose, die seit jeher Leidenschaft, Zärtlichkeit, Treue und die Sehnsucht nach Liebe heraufbeschworen hat?

Dieses Buch, mit dem ich der Rose huldigen möchte, ist etwas Besonderes – und so sollten auch Sie sich bei der Lektüre dieser Zeilen etwas Besonderes gönnen – denn schließlich geht es um die Rose:

Wie wäre es zum Beispiel mit einem zarten Rosenduft durch eines der zahlreichen Rosenöle in Ihrer Duftlampe, damit Sie sich seelisch auf dieses Fest der Sinne, den Zauber der Rose, einstimmen können?

Wohlfühl-Rosenduft

Geben Sie zwei bis drei Tropfen in Ihre Aromalampe, und Sie werden spüren, wie sich innerhalb weniger Minuten Wohlbefinden in Ihnen ausbreitet und die Erinnerung an einen Sommertag voller Liebe, Leidenschaft, Sehnsucht und Zärtlichkeit hochsteigt ...

Die folgende Duftmischung wird Ihre Sinne geradezu betören, aber bitte nehmen Sie nicht zuviel davon, denn sonst schwinden Ihnen die Sinne und die Konzentrationsfähigkeit für dieses Buch:

Öl der Göttin Venus

✓ 3 Tropfen Geraniumöl
✓ 2 Tropfen Jasminöl
✓ 2 Tropfen Rosenöl
✓ 4 Tropfen Sandelholzöl
✓ 2 Tropfen Tuberose

Diese Mischung ergibt einen blumig-sinnlichen und erregenden Duft, der sich besonders gut für ein Bad eignet. Für das Massage-Öl mischen Sie die Öle mit 50 bis 100 ml Mandelöl (bis zu 10 %). Für ein Ölbad müssen Sie dem Badewasser etwas zugeben, damit sich das Öl mit Wasser verteilen kann, zum Beispiel einen Liter Milch.

Nun: Ich hoffe, Sie haben jetzt überhaupt noch Gedanken, sich mit diesem Buch zu beschäftigen, und sind nicht derweil mit anderen Dingen beschäftigt, denn schließlich ist die Rose die einzige Blume, aus deren Buchstaben sich, wenn man sie neu ordnet, *Eros* ergibt - das ist der Name des griechischen Liebesgottes, aber das wissen *Sie* ja sicherlich bereits ...

Wenn Sie also meinen, die obigen Vorschläge könnten Sie von der Lektüre abhalten – nun, auch »nur« ein Rosentee wird zu Ihrem Wohlbefinden beitragen:

Rosenblüten-Tee

(für ca. 5 Gläser)

✓ 125 g Erdbeeren
✓ 5 Teelöffel Rosenblütentee
✓ 1/2 Liter Wasser
✓ 1 unbehandelte Zitrone
✓ Zucker und Eiswürfel

Die frischen Erdbeeren waschen, entstielen und halbieren. Die Erdbeeren mit etwas Zucker bestreuen und in einem zugedeckten Gefäß ziehen lassen. Dann den Tee zubereiten und abkühlen lassen. Die Zitrone auspressen und zusammen mit dem kalten Tee in ein Bowlegefäß gießen. Die gezuckerten Erdbeeren und die Eiswürfel dazu geben.

Nehmen Sie sich nun Zeit, diesen köstlichen erfrischenden Tee zu genießen.

Und lassen Sie sich verzaubern und bezaubern.

Frühlingslied

Leise zieht durch mein Gemüt
Liebliches Geläute.
Klinge, kleines Frühlingslied.
Kling hinaus ins Weite.
Kling hinaus, bis an das Haus,
Wo die Blumen sprießen.
Wenn du eine Rose schaust,
Sag, ich laß sie grüßen.

Heinrich Heine

Vom Zauber der Rose
– in Geschichte und Geschichten

Teokrit (ca. 310 – 250 v. Chr.) nannte die Rose »das Licht der Welt« und »das Feuer der Liebe«, versinnbildlicht sie schließlich die Würde und Schönheit aller Blumen. In Teokrits »Idyllen« ist die Rose ursprünglich eine weiße Blume gewesen, die ihre rote Farbe durch das Blut der Venus erhalten hat. Nun, andere griechische Dichter führen die rote Färbung der Rose auf Dionysos zurück, der roten Wein auf die weiße Blume geträufelt hatte.

Rosen dienten zur Bekränzung des Dionysos sowie der Festteilnehmer bei Trinkgelagen, unter anderem weil man ihnen, wie dem Veilchen, eine kühlende Wirkung auf das Gemüt zuschrieb. Außerdem sollten sie daran erinnern, im Rausche nichts auszuplaudern!! Gerade umgekehrt heißt es in einer deutschen Legende, daß die Rose ihre weiße Farbe den Tränen der Maria Magdalena auf eine rote Rose verdankt, die sich weiß färbte.

Ein Beispiel für die bildhafte Darstellungsweise des Orients ist die folgende persische Legende:

Die Blumen beklagten sich bei Allah, daß ihre Königin, die Lotusblume – im Orient hat der Lotus eine ähnlich große Bedeutung wie im Westen die Rose – *nachts schlafe, statt über ihre Untertanen zu wachen, woraufhin Allah die weiße Rose zur Königin der Blumen ernannte. Eine Nachtigall, von der Schönheit der Rosen-Königin so stark berührt, daß sie die Majestät umarmte, mußte gar ihr Leben lassen, als sich ein Stachel in ihre Brust bohrte und ihr Blut die weiße Rose rot färbte.*

Legenden und Geschichten, die sich um die Rose ranken, gibt es unzählige – hat sie doch seit jeher die Dichter und Sänger inspiriert und das Herz so manch einer liebenden Frau höher schlagen lassen.

Nach Fossilienfunden gibt es die Rose bereits seit ca. 25 Millionen Jahren. Allerdings hat man aus dieser Zeit keine vollständige Rose gefunden, sondern nur Teile der Pflanze, so daß diese Herkunftszeit von der Wissenschaft nicht anerkannt wird. Man kann aber davon ausgehen, daß Rosen mindestens seit etwa zwölf bis fünfzehn Millionen Jahren auf der Erde wachsen!!! Das bedeutet: die Rose war bereits vor dem Menschen auf diesem Planeten. Eine unvorstellbare Zeit, wenn man an die Vergänglichkeit einer Rosenblüte in der Vase an einem heißen Sommertag denkt ...

Wohl gefühlt hat sich die Rose seit jeher eher in den gemäßigten Klimazonen der nördlichen Erdhalbkugel – in Europa und Asien (ausgenommen in den arktischen und tropischen Gebiete), in den USA und Teilen Kanadas sowie in Afrika, aber auch dort natürlich nur im äußersten Norden, in Marokko, Tunesien und in Algerien.

Die frühesten Berichte über die Rose stammen aus Zentralasien, von wo sie ihren Siegeszug nach Europa und Amerika sowie nach China, Indien und über das Mittelmeer nach Nordafrika antrat.

Bereits die Chinesen kultivierten Rosen vor Tausenden von Jahren. Etwa 1810 brachten Kaufleute und Missionare die ersten Setzlinge der Teerose (*rosa odorata*) nach England, die eine sehr lang blühende Sorte ist und diese Bezeichnung deshalb erhielt, weil man sich bei ihr an den Duft von Tee erinnert fühlt.

Im Palast von Knossos (auf der Insel Kreta) findet sich im Haus der Fresken das berühmte »Fresko mit dem blauen Vogel«, das ohne jeglichen Zweifel Rosen zeigt und vor mindestens 3.500 Jahren entstanden ist. Damit gilt dieses Bild als die älteste Darstellung einer Rose überhaupt. Sie wurde als die »heilige Rose« identifiziert, die man einst bei Ausgrabungen in ägyptischen Gräbern fand. Es handelt sich um die einfache, ungefüllte Form der *Rosa gallica*. Wahrscheinlich wurde diese Rose im 4. Jahrhundert vom heiligen Frumentius aus Syrien, wo sie in Klostergärten wuchs, nach Abessinien gebracht.

Homer schreibt, daß der Schild des Achill mit Rosen verziert war, während persische Krieger die *Rosa gallica* (= Essigrose, *Rosa rubra*) schon Tausende von Jahren vor Christi Geburt als Wahrzeichen verwendet haben.

Der römische Schriftsteller Plinius d. Ä. beschrieb diese persische Rose als leuchtend rot; sie gilt als eine der ältesten bekannten Blumen, die noch heute kultiviert wird.

Arabische Ärzte verordneten die Blüten der Rose wegen ihrer zusammenziehenden Wirkung, weshalb die gefüllte Form, die *Rosa gallica officinalis*, später die Bezeichnung »Apothekerrose« erhielt.

Und wußten Sie eigentlich, daß man bereits in der Grabkammer von Tutanchamun gebündelte Rosensträuße gefunden hat?

Im Mittelalter wurde diese Rose in die französische Stadt Provins (südöstlich von Paris) gebracht, von wo man noch heute getrocknete Rosenblätter in alle Welt verschickt. 1429 schenkte Provins der Jungfrau von Orleans, Jeanne d'Arc, Rosenblüten.

Und natürlich wußte auch bereits Cleopatra den Zauber der Rose für die Liebe zu schätzen: Sie ließ ihre Gemächer einen halben Meter hoch mit Rosenblättern bedecken, und auch Nero, der ja kein Kostverächter gewesen sein soll, soll für ein einziges Fest Rosenblüten im Wert von 100.000 Sesterzen verschwendet haben, indem er Rosenblüten auf die Teilnehmer seiner Festgelage in solchen Massen niederregnen ließ, daß so manch ein umnebelter Zecher daran erstickt sein soll.

Nun – es gibt sicherlich unangenehmere Arten, das Zeitliche zu segnen ...

Im Namen der griechischen Insel Rhodos findet sich das griechische Wort *Rhodon* = Rose, die auch heute dort noch im Überfluß gedeihen soll, heißt sie nicht umsonst die »Roseninsel«. Allerdings habe ich bei meiner Reise nach Rhodos die Rosenfülle vergeblich gesucht – vielleicht war das schon damals ein Werbegag der alten Griechen?

Das griechische Wort »rhodon« hat sich im Laufe der Zeit nur wenig verändert: Im Lateinischen heißt es »rosa«, im Keltischen »rhod«, im Angelsächsischen »ros«, im polnischen »roza«, im Französischen »ros« und im Deutschen »Rose«. Alle diese Worte bedeuten »rot«, denn wahrscheinlich war die älteste bekannte Rose die rote *Rosa gallica* oder *Rosa rubra.*

Im 6. Jahrhundert v. Chr. blühten auch auf Lesbos Rosen (sagt man ...), und so dichtete Sapho:

Es erröten wie die Mädchen nun die Hecken, seht nur hin,
oh, die Rose! Ach, die Rose ist der Blumen Königin!

Die Damazener-Rose, die mit ihrem Duft alle anderen Wohlgerüche selbst im Orient, übertrifft, wuchs im Gebiet von Syrien in so großer Fülle, daß man die Hauptstadt zu ihren Ehren Damaskus nannte, wobei man wissen muß, daß der Name Syrien, von »Suri« abgeleitet, *Land der Rosen* heißt. So steht es in einem der vielen Bücher über die Rose geschrieben – oder ist dies auch nur eines der *Märchen aus 1001 Nacht* ??

Eines jedenfalls ist sicher: Die berühmteste Rosenmarmelade stammt aus Syrien und heißt *mrabbal-wuard,* von den Syrern auch heute noch *marmelad* genannt. Und natürlich habe ich hier für Sie das Rezept:

Mrabbal-wuard (marmelad)

✓ 500 g ungespritzte zart rosafarbene Blütenblätter der Heckenrose
✓ 2 Tassen Zucker
✓ 2 EL Orangenblüten- oder Rosenwasser
✓ 2/3 Tasse Wasser

Die Rosenblätter an der Sonne trocknen lassen, in ein Nesseltuch binden, in siedendes Wasser tauchen und abtropfen lassen.

In einem Kochtopf den Zucker und das Orangenblüten- oder Rosenwasser mit dem Wasser unter stetigem Rühren langsam aufkochen, bis sich der Zucker aufgelöst hat. Die blanchierten Rosenblätter hinzufügen und so lange weiter kochen lassen, bis die Mischung stark eingedickt ist. Dabei die Rosenblätter immer wieder mit dem Kochlöffel auspressen. Die Marmelade in heiße, sterilisierte Gläser abfüllen und sofort verschließen.

Das ist kein Märchen – und ich hoffe, sie fühlen sich animiert, diese syrische *marmelad* einmal nachzukochen und sich so dem Zauber des Orients in Ihrer Küche hinzugeben ...

Im übrigen galten Rosenblätter als Nachspeise früher in Syrien als Delikatesse.

Woher ich das alles weiß?

Nun, ich habe liebe Freunde aus Syrien, die mir diese Küchengeheimnisse verraten haben!

Jeder gewöhnliche Busch soll die syrische Rose tragen schrieb der römische Dichter Vergil und gab der Damaszener Rose den Namen *syrische Rose.*

Als Zeichen des Glaubens an das ewige Leben, an die Auferstehung von den Toten, hat man im Orient vor Zeiten den Verstorbenen eine *Rose von Jericho* in den Sarg gelegt. Dabei gehört diese letztendlich gar nicht zu den Rosen, sondern zur Gattung der Moosfarne

Die *Selaginella lepidophylla* (Auferstehungspflanze, Rose von Jericho) ist eine kleine, ausladende immergrüne Staude mit Büscheln dunkelgrün belaubter Sprosse. Getrocknete Pflanzen werden als Kuriosität verkauft. Höhe bis 8 cm. Wahrscheinlich heißt sie Rose, weil sie, getrocknet, stark an die Form einer Rose erinnert.

Kreuzfahrer haben diese interessante Pflanze im Mittelalter mit nach Europa gebracht. Sie wächst in den Wüstengebieten Jerichos, aber auch in Arizona und Texas bis hinunter nach Peru.

Ihre Blätter rollen sich bei Trockenheit zusammen und öffnen sich erst wieder bei Feuchtigkeit oder Regen. Die zusammengerollten Pflanzen, die wie Bälle aussehen, werden vom Wind in weit entfernte Wüstengebiete getrieben, wo sie viele Jahre liegen bleiben können und sich erst wieder nach einem Regenguß öffnen und grün werden.

Nach der Legende soll Jesus diese Pflanze auf dem Weg nach Golgatha mit dem Fuß berührt haben, wodurch sie ewiges Leben erhielt.

Legen Sie die *Rose von Jericho* in eine Schale oder auf einen Teller mit Wasser. Es wird nicht lange dauern – und Sie erleben das Wunder der Auferstehung – zumindest das der Pflanze. Wer mag, kann darin etwas Gleichnishaftes sehen.

Die Pflanze ist grün, solange sie im Wasser liegt, bildet aber keine Wurzeln. Ohne Wasser rollt sie sich wieder zusammen und kann dann wieder viele Jahre aufbewahrt werden.

Die Eigenart dieses Gewächses hat **Iwan Alekejewitsch Bunin** (1870 – 1853) zu der folgenden, wunderschönen Geschichte inspiriert:

Die Rose von Jericho

Als Zeichen des Glaubens an das ewige Leben, an die Auferstehung von den Toten, hat man im Orient vor Zeiten den Verstorbenen eine Rose von Jericho in den Sarg, ins Grab, gelegt.

Seltsam die Bezeichnung Rose, zudem noch Rose von Jericho, für dieses - unserer Kollerdistel ähnliche - Knäuel vertrockneter, stachliger Stengel, dieses struppige Wüstengewächs, das nur auf dem steinigen Sandboden südlich des Toten Meeres, in den unbewohnten Ausläufern des Sinai vorkommt. Aber der Überlieferung nach hat der heilige Sabbas selbst es so genannt, der für sein Kloster das schreckliche Tal des Feuers gewählt hat, eine kahle tote Schlucht in der Wüste von Judäa. Das Symbol der Auferstehung in Gestalt einer wilden Distel hat er mit der schönsten ihm bekannten irdischen Metapher geschmückt.

Denn sie, diese Distel, ist wahrhaftig ein Wunder. Von einem Fremden abgepflückt und mitgenommen, kann sie, Tausende Werst von ihrer Heimat entfernt, jahrelang daliegen - verdorrt, grau, tot. Aber in Wasser gelegt, beginnt sie gleich wieder aufzuleben, kleine Blättchen und rötlichweiße Blüten zu treiben. Und das arme Menschenherz empfindet Freude und Trost: nichts auf der Welt stirbt, nichts vergeht, was einmal war, was einst mein Leben ausgemacht hat! Es gibt keinen Abschied und keinen Verlust, solange meine Seele lebendig ist, meine Liebe, die Erinnerung!

So tröste auch ich mich, indem ich in mir jene lichtvollen alten Länder auferstehen lasse, die einst auch mein Fuß betreten hat, jene gesegneten Tage, da die Sonne meines Lebens im Zenit stand, da ich in der Blüte meiner Kräfte und Hoffnungen Hand in Hand mit meiner mir von Gott bis zum Grabe anvertrauten Gefährtin meine erste weite Reise unternahm, die Hochzeitsreise, die zugleich eine Wallfahrt in das heilige Land unseres Herrn Jesus Christus war. Stumm und erhaben in Jahrhunderte währender Stille und Vergessenheit lag vor uns sein Palästina - die Täler von Galiläa, die Hügel von Judäa, die fünf Städte, gestraft mit Salz und Schwefel. Aber es war Frühling, und auf all unseren Wegen blühten fröhlich und friedlich immer noch die gleichen Anemonen und Mohnblumen wie zur Zeit Rahels, prangten die gleichen Lilien auf dem Felde und sangen die gleichen Vögel unter dem Himmel, deren selige Sorglosigkeit das Gleichnis des Evangeliums lehrte ...

Rose von Jericho. In das lebendige Wasser des Herzens, in den reinen Born der Liebe, der Trauer und der Zärtlichkeit senke ich die Wurzeln und die Stiele meiner Vergangenheit, und siehe da - wieder erblüht, o Wunder, mein heilig gehütetes Steppengras. Bleib fern von mir, du unabwendbare Stunde, da dieser Born versiegen, das Herz welken und verdorren und der Staub des Vergessens die Rose meines Jerichos für immer zudecken wird.

Auch in der Heraldik, der Wappenkunde, hat die Rose ihren Platz erobert. Sie wird meistens in Form der wilden Heckenrose, der *Rosa canina*, fast immer voll erblüht, dargestellt, aber nicht nur fünfblättrig, sondern auch mit sechs oder acht Blättern in Rot, selten Silber oder in Gold.

Andere Wappen zeigen die Rose als Einzelstück oder auch mit einem Trieb und einem Laubblatt.

Der englische König Eduard I. (1272 – 1307) war der erste Monarch, der die Rose in seinem Wappen verwendete, eine einfache goldene Rose. Seitdem hat die Rose im Wappen des englischen Königshauses ihren Platz als Emblem behalten.

Und so fand die Rose auch Bedeutung in den Rosenkriegen (1455 – 1485) - als Feldzeichen der Häuser Lancaster und York, wobei erstere eine rote und das Haus York eine weiße Rose als Symbol verwendete. Nach Beendigung der Rosenkriege kam es zu einer Wiedervereinigung der beiden feindlichen Königshäuser Lancaster und York durch Heirat. Die Tudor-Dynastie nahm ihren Anfang und wählte als Wappenblume die Tudor-Rose, die sich noch heute im Emblem des englischen Königshauses wiederfindet: Eine rote Rose mit einer weißen verschlungen, als Zeichen für die Vereinigung der beiden Häuser.

Elisabeth I. verwendete die Tudor-Rose mit ihrem Motto *rosa sine spina* = Rose ohne Dornen. Mit einigen Veränderungen über die Jahrhunderte hinweg ist die Rose bis heute Symbol des englischen Königshauses geblieben.

In Deutschland führten die Fürsten zu Lippe und die Burggrafen von Altenburg die Rose in ihrem Wappen, später auch die Städte Lemgo und Lippstadt.

Heute noch verwendet man den Begriff »Rosenkrieg«, wenn bei Paaren in einem zerstörerischen Scheidungskampf die Fetzen fliegen. Und immer wieder machen prominente Paare bei einer Trennung diesem Namen alle Ehre ...

Rose

Der Rosenkranz war ein Kultgegenstand in der Verehrung der Rose, die im alten Rom als Blume der Venus galt und das Kennzeichen ihrer heiligen Prostituierten war. Dinge, die »unter der Rose« (sub, rosa) gesagt wurden, gehörten zu den sexuellen Mysterien der Venus und durften nur an Eingeweihte weitergegeben werden. Die rote Rose stand für die mütterliche Sexualität in voller Blüte; die weiße Rose oder die Lilie waren Zeichen der jungfräulichen Göttin. Die Christen verlagerten diese beiden symbolischen Blumen auf die Jungfrau Maria und nannten sie die Heilige Rose.

Die Rosettenfenster in gotischen Kathedralen wiesen nach Westen, in die Richtung des matriarchalischen Paradieses; sie waren vorrangig Maria geweiht als dem weiblichen Symbol, das dem männlichen Kreuz in der Ostapsis gegenübergestellt war. In Chartres zeigt das Fenster, das den Namen Rose von Frankreich trägt, »im Zentrum die Jungfrau in ihrer Erhabenheit ... In einem Kreis um sie herum befinden sich zwölf Medaillons; vier enthalten Tauben; vier sechsflügelige Engel oder Throne; vier Engel niederer Ordnung, doch alle symbolisieren Gaben und Eigenschaften der Himmelskönigin.« Darunter befindet sich die marianische Anzahl von fünf Fenstern, deren Mittelpunkt Marias Mutter Anna bildet; sie ist »die größte Mittelfigur, die höchste, und beherrscht die ganze Kirche«.

Fünf war die marianische Zahl, weil die Rose fünf Blütenblätter aufweist, genau wie die Apfelblüte - ein weiteres Symbol der Jungfräulichkeit -, aus der die fünf Kerngehäuse des reifen Apfels hervorgehen, das entsprechende Symbol für Mutterschaft, Fruchtbarkeit, Wiedergeburt und das ewige Leben. Die Zahl Fünf galt als »der Marienverehrung gemäß«, weil Maria - symbolisiert in der Rose - die Reinkarnation Evas - symbolisiert im Apfel - darstellte. In der christlich-mystischen Kunst wuchsen am Lebensbaum in Marias »verschlossenem Garten« der Jungfräulichkeit Äpfel und Rosen.

Die fünfblättrige Rosen- und Apfelblüte war verwandt mit anderen vorchristlichen Zeichen der Großen Göttin, mit dem Drudenfuß, dem fünfzackigen Stern Ishtars und dem ägyptischen Symbol der uterinen Unterwelt und der zyklischen Wiedergeburt. Die Mysterien der Rose gehörten Aphrodite, wie der Dichter Nossis schrieb: »Wen die Zyperin nicht liebt, weiß nicht, welche Blumen ihre Rosen sind.« Für Aphrodite stand eine Rose-Marie-Pflanze, die nach ihr Rosmarina benannt ist, »Meertau«.

In der großen Zeit der Kathedralen, als Maria als Göttin in ihren »Palästen der Himmelskönigin« oder Notre-Dames verehrt wurde, erhielt sie häufig den Beinamen Rose, Rosenbusch, Rosengirlande, Rosengarten, Rosenkranz, Mystische Rose oder Königin des allerheiligsten Rosengartens. Die Kirche, der Garten und Marias Körper waren mystisch ein und dasselbe; denn sie war Ecclesia, Mutter Kirche und »der reine Schoß der Wiedergeburt«. Wie ein heidnischer Tempel stellte die gotische Kathedrale den Körper der Göttin dar, die zugleich das Universum war und die Essenz der männlichen Gottheit in sich trug. Mit dem Niedergang der Gotik geriet dies weitgehend in Vergessenheit. In späteren Jahrhunderten erhielt der Begriff »gotisch« zunehmend einen abwertenden Beiklang und war gleichbedeutend mit »barbarisch«. Die Symbolik der Paläste der Himmelskönigin entzog sich dem Verständnis. Im 18. Jahrhundert lagen ihre Geheimnisse bereits ebenso im Dunkeln wie die krypto-erotische Kunst indischer Tempel.

Tatsächlich erhielt die Große Göttin, deren Körper der Tempel war, zuerst in Indien den Namen Heilige Rose. Die »Blume der Göttin« war die scharlachrote Chinarose - der Hibiskus. Manchmal wurde sie gleichgesetzt mit der mystischen Kulablume, der Quelle des jungfräulichen Menstruationsblutes; dieses symbolisierte das Leben ihrer zukünftigen Kinder und ihre Verbindung mit dem Geist vergangener Stammesmütter.

Der Weltenbaum des Ostens wurde häufig als Stammbaum in Gestalt eines Rosengewächses dargestellt, als weiblicher Baum des Lebens und der Unsterblichkeit. In Zentralasien hieß dieser Baum auch Frau, Quelle, Milch, Tiere, Früchte. So »zeigt sich der Kosmische Baum allezeit als Reservoir des Lebens und Herr des Schicksals«. Die Mongolen kannten ihn als zambu, dessen Wurzeln am Fuß des Berges Sumer in die Tiefe reichten; er war der Mutterbaum, der mit seinen Früchte die Götter nährte. Der Baum zambu war ohne Zweifel identisch mit dem Paradies der Hindus, der Insel Jambu, der Heimat des kosmischen Rosenapfelbaumes. Die Insel hatte die Form einer Yoni. In ihrem »Diamantsitz« (einer symbolischen Klitoris) konnte ein Mensch als Mensch mit scharfem Verstand wiedergeboren werden.

Die jüdisch-christliche Überlieferung verband diesen Stammbaum mit einem männlichen Lebensbaum (den Genitalien), da sie die männliche Abstammungslinie als die einzig wichtige ansah. Die mittelalterliche Kunst stellte den Stammbaum Christi als phallischen Baum dar, der den Lenden eines ruhenden Jesse entsprang und dessen Blüten und Früchte die Gestalten Davids, Marias und Jesu umrankten. Im allgemeinen schrieben die Mystiker jedoch Rosenbaum, Rosimgarten und Rosenkranz, die sie durchaus als Genitalsymbole auffaßten, auch weiterhin ein weibliches Geschlecht zu. Der mittelalterliche Gelehrte Pierre Col erklärte, im Lukasevangelium sei die Heilige Rose als Zeichen der Vulva erwähnt.

In Großbritannien gab es einen traditionellen Tanz in den Mummer's Plays, der The Rose hieß: fünf Tänzer bildeten einen fünfzackigen Stern aus Schwertern über einem Opfer, The Fool - »der Narr« - genannt, der symbolisch getötet und mit einem mysteriösen Elixir wieder auferweckt wurde, dem Golden Frosty Drop oder Dewdrop in the Rose, dem Tautropfen in der Rose. Es handelte sich dabei schlicht um eine westliche Version des Juwels im Lotos, das heißt, einem Samentropfen in der weiblichen Blüte. Es hieß, »der ›Garten‹ könnte den

Uterus symbolisieren, wie die >scharlachrote Blume< für die Vulva stehen kann«. Der Eisige Tropfen oder Tau stand für den Samen Gottes, der sich in der Göttin wiederverkörperte. In der Bibel war Tau eine poetische Umschreibung für Samen (Hohelied 5, 2). Meister Eckhard begriff sehr wohl die sexuelle Bedeutung von Tau und Rose, als er schrieb: »Und wie sich am Morgen die Rose öffnet und den Tau von Himmel und Sonne empfängt, so öffnete sich Marias Seele und empfing Christus, den himmlischen Tau.«

Der oben erwähnte Rosentanz scheint ein so lebendiges heidnisches Ritual gewesen zu sein, daß er sich nicht unterdrücken ließ. Das Lied, das dazu gesungen wurde, hieß Ring-Around-A-Rosy, im Deutschen »Ringel, Rangel, Rose«. Die Zeile pocket full of posies, »Tasche voller Blumen«, des englischen Kinderreims bezog sich vermutlich auf die Blumenhöhle, ein altes Symbol des unterirdischen Feenlandes. In der letzten Instruktion all fall down (in den verschiedenen Versionen des deutschen Kinderliedes heißt es: »alle setzen sich«) kommt das Geheiß von Morgan the Grim Reaper oder der Mutter des Todes zum Ausdruck, die der fruchtbaren Jahreszeit ein Ende bereitet. Nach dänischen Bräuchen zierten Rosen zum Mittsommernachtstanz die Wälder, die von bewaffneten Männern gegen mögliche Eindringlinge zu schützen waren.

Mit ihrem Schwert in Mittsommernacht
Ritter und Junker halten Wacht;
mit Fackeln und rotem Rosenkranz
schreiten im Wald sie zum Rittertanz.

Die Rose wurde nicht nur mit Maria in Verbindung gebracht, sondern auch mit anderen Formen der heidnischen Göttin, die sich erhalten hatten. Als Faerie Queene hatte sie in Spensers gleichnamigem Versroman eine Wohnung der Seligkeit, die für ihr sexuelles Wesen stand und deren Allerheiligstes die Rose der Liebe bildete. Mittelalterliche Mythen von Lady Briar Rose zeichneten die Jungfrau als Rose inmitten eines Dornbusches, ein sexuelles Bild, das der Dichter Sedulius lange Zeit zuvor eingeführt hatte:

Wie zwischen Dornen die liebliche Rose blüht,
selbst dornenlos, die Zierde des
Busches, den sie krönt,
so entspringt der Wurzel Evas Maria, die neue Magd,
und büßt die Sünden,
die einst jene erste Magd beging.

Wie durchgängig auch der Versuch war, die Rose mit Maria gleichzusetzen, so war sie doch ganz offensichtlich ein Sexualsymbol des Kultes der Großen Göttin, der mit den Kreuzfahrern aus Arabien wieder nach Europa kam. Sufische Mystiker verfaßten in Arabien romantisch-religiöse Werke, die sich um den Rosengarten und die Rose drehten. Fariduddin Attars Parlament der Vögel erklärte das Symbol mit den Worten der »leidenschaftlichen Nachtigall«:

Ich kenne die Geheimnisse der Liebe.
Die ganze Nacht lang schmettere ich
mein Liebeslied ...
Ich bin es, die die Rose in Bewegung bringt
und die das Herz der Liebenden anrührt.
Ununterbrochen lehre ich neue Geheimnisse ...
Und wenn die Rose des Sommers in die Welt zurückkehrt, öffne ich
mein Herz der Freude.
Wenige kennen meine Geheimnisse –
aber die Rose kennt sie.
Ich denke an nichts anderes als die Rose;

ich ersehne nichts anderes als die tiefrote Rose ...
könnte die Nachtigall auch nur eine Nacht
ohne die Geliebte leben?

Dieser Eros in Gestalt der Nachtigall tauchte in europäischen Romanen des 17. Jahrhunderts als Geist der Rose oder als »Teufel« namens Rosier wieder auf. Nach Angaben des Exorzisten Pater Sebastien Michaelis flüsterte der Teufel Rosier süße Worte und verleitete so die Männer, sich zu verlieben. Rosiers himmlischer Gegner war der heilige Basilius, »der nicht auf die verliebten und bezaubernden Reden hörte«. Später wurde eben dieser Dämon jedoch zum Helden des klassischen Ballets Le Spectre de la Rose, in dem er ein junges Mädchen dazu verführt, sich zu verlieben.

Gelegentlich war der männliche Geist der Rose eine Heckenrose mit »stechenden« Dornen. »In Fleisch zu stechen, um auf künstliche Weise an Blut zu gelangen, ist die einzige Möglichkeit der Männer, es zu >produzieren<. In der romantischen Legende Europas von den beiden Liebenden unterschiedlichen Geschlechts ist der weiblichen roten Rose der männliche Dornbusch oder Dorn (prick) beigestellt. In der Umgangssprache ist prick eine tabuisierte Bezeichnung für den Penis und ein deskriptives Zauberwort für den Zugang zur Macht ... Der Dornbusch ist die männliche Rose.«

Barbara Walker

Der älteste noch lebende Rosenbusch Deutschlands, der inzwischen zu einem nicht zu übersehenden Baum herangewachsen ist, steht seit 815 an der Apsis des Hildesheimer Doms. Und auch das Bombardement durch die Alliierten im zweiten Weltkrieg, als der Busch in Flammen aufging, hat ihm letztlich nichts anhaben können, denn die Wurzeln blieben unversehrt, und so blüht der Busch noch heute.

Dazu die folgende Legende:

Der Hildesheimer Rosenstock

Ludwig der Fromme jagte zur Winterszeit im Walde und verlor sein geweihtes Kreuz, das er immer am Halfe trug. Er sandte Diener, es zu suchen, die fanden es an einem Rosenstrauch, der blühte mitten im Schnee; aber abheben ließ es sich nicht. Dem König ward die Wundermär angesagt, er lief nun selber hin und fand um den Rosenstrauch den Schnee in Form eines Kirchenrisses, und erstaunt rief er aus: »Das ist Hildeschnee (Rosenschnee)!« Er kniete nieder und betete zu Gott, ihm zu offenbaren, warum er das Kreuz nicht an sich nehmen könnte, und Gott offenbarte ihm, er solle einen Dom bauen, so weit der Schnee um die Rosen reiche. Der König schwur es, und sogleich konnte er sein Kreuz leicht ablösen. Er ließ den Bau ohne Zögern beginnen, den Rosenstock aber ließ er schonen und erhalten. Herrlich wuchs das Münster in die Höhe, um es her siedelte der König Wertleute und andere Fromme an und verlegte das Elzer Bistum an diese Stelle, die von nun an Hildeschnee hieß, bis daraus später Hildesheim wurde. Der Rosenstock steht heute noch am Dome und treibt seine Wurzeln bis unter den Hochaltar, als wolle er zeigen, wie innig er mit der Kirche verwachsen sei.

Domkirchhof und tausendjähriger Rosenstock zu Hildesheim. Radierung von Otto Ferdinand Probst

Als älteste Beschreibung über die Entstehung der Rose gilt die Legende des griechischen Dichters Anakreon (um 580 – nach 495 v. Chr.):

»Als das Meer die schöne, taufunkelnde Venus erschuf, gebar die Erde ihrerseits diese liebliche Pflanze – ein Meisterwerk der Natur, majestätisch auf ihrer dornigen Säule, die Rose, diese unsterbliche Blume.«

Nach einer Legende des Islam soll die Rose aus dem Schweiß Mohammeds entstanden sein, weshalb noch heute die Mohammedaner die Rose mehr verehren als alle anderen Blumen.

Im Orient erzählt man sich dazu folgende Geschichte:

Dem Emir von Schorassan sei nach dem Tode seiner Frau eine goldhaarige Jungfrau zum Kauf angeboten worden. Er verliebte sich in die Schöne und taufte sie nach ihrer Heimatstadt Rose von Schiras. Aber sie, voller Sehnsucht nach ihrem Liebsten zu Hause, weinte nur noch, aß nichts mehr und war dem Tode nahe. Ihre Treue rührte den Emir so sehr, daß er sie heimschickte, in die Arme ihres Herzallerliebsten.

In Ur, einer Stadt in Mesopotamien, entdeckte der Archäologe Woolly eine steinerne Rose, die aus der Zeit von etwa 2.300 v. Chr. stammt. Kein Wunder, daß der Nahe Osten als das eigentliche Rosenparadies gilt, dessen märchenhaftes Zentrum Bagdad war.

Von Sir Muhammad Ikbal (1873 – 1938) ist eine weitere Variante der Entstehungsgeschichte der Rose überliefert:

Eine Hure klagte im himmlischen Rosengarten, sie habe nie das Leben kennengelernt, weder Tag noch Nacht noch Geburt oder Tod. Da schickte Allah sie als Rose auf die Erde. Sie durchlebte in wenigen Wochen alle Stufen des Lebens, die sie brauchte, um zu lernen, was Leben heißt.

Für mich gehört diese Geschichte zu den schönsten Legenden über die Entstehung der Rose.

Nachdem die Christen die Rose drei Jahrhunderte lang als heidnisches Symbol abgelehnt hatten, konnten auch sie sich schließlich ihrem Zauber nicht länger entziehen, und so wurde sie zur mystischen Blume des Abendlandes.

Und natürlich haben auch die Christen ihre Version, wie die Rose entstanden ist:

Als Christus am Kreuz hing, tropfte Blut aus seinen Wunden ins Moos, und so entstand die Moosrose.

Die rote Rose weist also nicht nur auf das vergossene Blut und die Wunden Christi hin, sondern symbolisiert auch die Schale, die das heilige Blut auffing, weshalb sie zugleich auch als Symbol der mystischen Wiedergeburt gilt.

Die rote Rose steht also oft für das Blut von Jesu, die fünf Blütenblätter der Wildrose sollen die fünf Wunden Christi darstellen. Und: Jesu trug eine Dornenkrone, als er am Kreuz starb – als Erinnerung an die Symbolik, daß der Schmerz unvermeidlich zur Liebe gehört.

Wenn man sich die Kirchengeschichte anschaut, findet man eine ganze Reihe von Schutzpatroninnen, die mit Rosen in Verbindung gebracht werden. So trug die heilige Cäcilia, Schutzpatronin der Kirchenmusik, eine Krone aus Rosen, die man ihr wegen ihrer Güte und Reinheit geschenkt hatte. Bei der Hinrichtung der Heiligen Dorothea erschien ihrem Verfolger ein Engel mit drei Rosen. Ihr Peiniger konvertierte daraufhin und starb später selbst den Märtyrertod. So gehört die Rose zu den Ursymbolen der Menschheit, und das Kreuz der Welt wird durch die Verbindung mit der fünfblättrigen Rose zum Sinnbild der Auferstehung.

Sie sehen, um die Rose ranken sich eine Reihe von Legenden, zum Teil unbekannter Herkunft, Legenden, die vor allem im 12. Jahrhundert ihre Blüte hatten, als die Rose in Klöstern verherrlicht wurde, wo man Rosengärten anlegte und beim Bau von Kathedralen die Rose in den Rosetten der Kirchenfenster ihre wohlverdiente Anerkennung fanden. Die Fensterrosetten der mittelalterlichen Kirchen stehen in engem symbolischen Zusammenhang mit dem Kreis und dem Rad und wahrscheinlich auch mit der Sonne als Christus-Symbol.

Südrose der Kathedrale von Chartres

Das Rosenwunder der Hl. Elisabeth

Der Landgraf war in der Stadt Eisenach gewesen und ging wieder zurück nach der Wartburg. Unterwegs sah er die heilige Elisabeth mit einer ihrer liebsten Jungfrauen stehen; beide kamen von der Burg herab, mit allerlei Speisen und Nahrungsmitteln fast sehr beladen, die sie in Krügen und Körben unter ihren Mänteln mit sich trugen und den Armen bringen wollten, die ihrer unten im Tale harrten. Der Landgraf hatte das alles wohl bemerkt und sprach, indem er ihnen die Mängel zugleich zurückschlug: »Lasset sehen, was ihr da traget!« Dabei wurden aber die Speisen alsbald zu Rosen. Die heilige Elisabeth war darüber so heftig erschrocken, daß sie ihrem Gemahl auf seine Frage und Rede nichts zu sagen vermochte. Dem Landgrafen tat der Schrecken, den er seiner lieben Elisabeth verursacht hatte, gar leid, und schon wollte er freundlich und mit guten Worten ihr zusprechen, als ihm auf ihrem Haupte ein Bild des gekreuzigten Heilands als ein Kopfschmuck erschien, den er vorher nie gesehen hatte. Da wollte er die heilige Elisabeth nicht länger aufhalten; er ließ sie ihren Weg gehen und den Armen und Kranken nach ihrem Gefallen Gutes tun und ging weiter nach der Wartburg.

Moritz von Schwind »Das Rosenwunder«

Im Mittelalter wurde die Rose – ganz im Gegenteil - zum Sinnbild der Reinheit der Jungfrau Maria. Auf Bildern aus dieser Zeit wurde die Mutter Gottes oft mit einer Rose in der Hand dargestellt – siehe das Bild von Stefan Lochner.

Stefan Lochner »Maria im Rosenhaag«

Im 16. Jahrhundert wurde der Rosenkranz ein fester Bestandteil der katholischen Kirche. Die ersten Rosenkränze sind aus Rosenholz geschnitzt worden oder getrockneten Hagebutten entstanden. Fünfzig (oder einhundertfünfzig) kleinere Perlen bedeuten ebensoviele »Ave Maria«-Gebete (das waren Gabriels Worte bei der Verkündung an Maria), in fünf (fünfzehn) Einheiten geteilt durch jeweils eine größere Perle (Vater-Unser-Gebet). Die meisten heute noch verwendeten Handrosenkränze bestehen aus 1+3+1-Perlen und einem vorangestellten Kreuz.

An Rosenkranzaltären umgibt die Gestalt der Mutter Gottes ein großer Rosenkranz, in den die Freuden und Schmerzen Marias eingefügt sind.

Die Griechen hingegen schreiben, trotz Anakreon, die Entstehung der Rose Aphrodite zu, der Göttin der Liebe.

Als ihr Geliebter, Adonis, von einem Eber getötet wurde, eilte Aphrodite herbei, und ihre Tränen vermischten sich mit seinem Blut und gebaren herrlich duftende, blutrote Rosen.

Poesie also auch bei den Griechen – und noch eine Legende:

Als Aphrodite dem Meer entstieg und der Schaum ihre Rundungen nicht mehr bedecken konnte, wuchsen Rosenblätter an ihrem Körper empor –

nicht die schlechteste Methode, seine Blöße oder gar Rundungen zu verhüllen ...

Und ein griechischer Lebenskünstler namens Epikur (341 – 270 v. Chr.) ließ sich mitten in Athen einen Rosengarten anlegen, um stets von frischen Blumen umgeben zu sein.

Das muß man sich mal im heutigen Athen vorstellen ...

Von Griechenland aus trat die Rose schon sehr früh ihren Siegeszug nach Rom an und kam von dort aus, wahrscheinlich durch die römischen Heere, nach Gallien und England, und von Persien über Kleinasien nach Nordafrika und Spanien.

Aber die Rose wird seit jeher auch mit Tod und Trauer in Verbindung gebracht; so bedeckten die Römer ihre Gräber mit Rosen, und die letzte Ruhestätte junger Mädchen wurde als Zeichen ihrer Reinheit und Jungfräulichkeit mit einem weißen Rosenbusch verziert. Und auch heute noch schmücken Rosen oft das Grab des verstorbenen Geliebten.

Auch vor dem Aberglauben hat die Rose nicht halt gemacht: Wenn in Sachsen ein Kind starb, konnte man den Todesengel vor dem Hause sehen, wie er eine Rose pflückte. Und wer Rosenblätter auf den Boden streute, den hielt man für einen Boten des Todes.

Wie wir gesehen haben, ranken sich um die Rose zahlreiche Geschichten, Legenden und Mythen. Und so bleibt die Rose als letztes Symbol der Romantik auch in unserer heute oft so »coolen« Zeit bestehen, erst recht die rote Rose als Botschaft der Liebe. Die Sprache der Rose ist also ziemlich konkret, wenn wir auch heute in der Form der Kommunikation nicht mehr so einfallsreich sind wie im viktorianischen Zeitalter, als diese geradezu zu einer Kunstform erhoben wurde: Damals konnte man vierzig!! verschiedene Gefühle durch die Kombination von Rosen in ihren unterschiedlichsten Farbschattierungen ausdrücken.

Kein Wunder also, daß noch heute zu jedem Valentinstag Rosen in verschwenderischer Fülle und Zahl an den Mann, bzw. an die Frau gebracht werden – vor allem zum Entzücken der Gärtner und Inhaber von Blumengeschäften ...

Rote und weiße Rosen kombiniert bedeutet Einigkeit – vielleicht ein Überbleibsel aus den Rosenkriegen der Engländer vor mehr als fünfhundert Jahren.

Ein Strauß weißer Rosen hingegen symbolisiert Verschwiegenheit und Reinheit – ebenfalls ein Überbleibsel aus dem Mittelalter, als eine weiße Rose, die von der Zimmerdecke hing, bedeutete, daß alle unter ihr geführten Gespräche vertraulich bleiben sollten. Daher stammt der Ausdruck *sub rosa* = unter dem Siegel der Verschwiegenheit.

Aber letztlich geht dieser Ausdruck auf die Antike zurück, als die Rose ein Sinnbild der Verschwiegenheit und der Liebe war.

Cupido, der Sohn der Venus, schenkte dem Gott des Schweigens eine Rose, damit dieser über das Treiben seiner Mutter Stillschweigen bewahrte...

Bei den gelben Rosen ist man sich wohl bei ihrer Bedeutung nicht ganz einig: Normalerweise stehen sie für Glück und Freude – zumindest wird das wohl König Karl XVI. Gustav von Schweden beabsichtigt haben, als er seiner Braut Sylvia, der späteren Königin von Schweden, vier Jahre lang den Hof machte und ihr täglich zwölf gelbe Rosen schickte – insgesamt also 17.532 Rosen!!!

Aber da frage ich mich doch: Warum keine roten Rosen? Denn hat nicht schon Hildegard Knef gesungen?: »Für mich soll's rote Rosen regnen«? ...

Dunkles Pink soll die Farbe sein, wenn man Dankbarkeit ausdrücken möchte, und helles Rosa für Bewunderung und Sympathie stehen.

Ich meine: Wer Rosen verschenken möchte, lasse, was Form und Farbe angeht, sein Herz sprechen. Er wird die richtige Rose finden – und die Beschenkte wird verstehen, was er ausdrücken möchte.

Im Talmud soll geschrieben stehen, daß in Jerusalem nur rosafarbene Rosen blühen dürfen – als Symbol für das Paradies. Wenn das so einfach wäre!!

Rosen – fürwahr eine königliche Leidenschaft, ist doch mit keinem Namen mehr Leidenschaft verbunden als mit dem der Kaiserin Josephine, die mit drittem Namen Rose hieß und im Rosenmonat Juni geboren war. Bereits während ihrer Ehe mit Napoleon hatte die schöne Kreolin begonnen, ihren Park Malmaison in ein Rosenparadies zu verwandeln, und sogar zu Zeiten des Krieges brachten ihr Schiffe aus England seltene Rosensorten mit. Und selbst die Schiffe, die in die Kolonien segelten, hatten, mit besonderen Behältern ausgestattet, bei ihrer Rückkehr von jeder Reise neue Schönheiten für die Kaiserin an Bord. 250 Sorten soll schließlich damals ihr verschwenderisch duftender Park enthalten haben, der als der schönste seiner Zeit galt und damit natürlich auch der teuerste war. Drei Millionen Franc Schulden hinterließ Josephine, als sie 1814 starb – fürwahr eine teure Leidenschaft!

Und so ist es kein Wunder, daß sich heute ein Rosenkatalog als *Who is Who* der Weltgeschichte liest, haben sich doch die Schönen und Reichen als Namensgeber für die bezaubernden Schönheiten geradezu angeboten: *Händel, Picasso* oder *Maria Callas, Scarlet O' Hara, Judy Garland, Prince Charles, Queen Elizabeth* oder *Lady Di*, die letzte, traurige Berühmtheit, der eine Rose ihren Namen verdankt - von Elton John als »Rose of England« besungen.

Eine Rose ist eine Rose ist eine Rose
– unsterblich und vom Hauch der Ewigkeit umweht.

Foto der Rose Lady Di

Als die Liebe zum ersten Mal
auf die Erde kam,
empfing der Frühling sie mit
einem Bett aus Rosen.

Thomas Campbell

Rosenliebe

Wir haben also gesehen, daß die Rose bereits bei den alten Griechen, Ägyptern und Römern ein Symbol der Schönheit, der Liebe, des Lichtes und der Freude war, aber gleichzeitig auch ein Symbol der Vergänglichkeit - der Flüchtigkeit des Lebens und der Zeit.

Nun – ehe Sie in Depression versinken, wollen wir uns dem Hier und Jetzt widmen -–und den schönen, angenehmen Dingen des Lebens.

Sie freuen sich auf einen Abend, eine Nacht, ein Wochenende mit Ihrem Liebsten?

Nur zu – hier sind Rezepte und Tips, die Ihnen eine unvergessliche Zeit bescheren werden – Ihr Liebster wird Ihrem Zauber und dem der Rosen nicht widerstehen können. Denn wie heißt es so schön in der Fabel eines römischen Dichters:

Als Venus, die Göttin der Liebe und schönste Frau, die je die Phantasie inspiriert hat, den schönsten aller Männer, Adonis, mit zärtlichen Küssen willkommen hieß, sproß aus diesen Küssen die Rose.

Und Cleopatra (69 – 30 v. Chr.) setzte, als, sie 42 v. Chr. ihren Liebhaber Mark Anton empfing, Rosen als Aphrodisiakum ein.

Nun, mit Venus und Cleopatra nehmen Sie es doch allemal auf – oder?

Wenn Sie der Leidenschaft auf die Sprünge helfen wollen, stellen Sie ein Bukett oder einen Strauß Rosen auf Ihren Nachttisch. Der Hauch dieser Blüten wirkt absolut erotisch stimulierend.

Das ist die einfache, »unverfängliche« Variante. Die subtilere ist die:

Schlafzimmerduft à la Venus

✓ 1 Tropfen Jasmin
✓ 6 Tropfen Rose
✓ 3 Tropfen Ylang-Ylang

Diese Mischung in einer Duftlampe wird in Ihrem Schlafzimmer eine ungemein erotische Atmosphäre schaffen, eine sehr weibliche Atmosphäre, denn Jasmin und Rose sind kostbare und schöne Dürfte, die sogleich zu Kopf, aber auch in die unteren Chakren steigen und Sie und ihn schnell in Stimmung bringen ...

Rote Rosenblätter unter das Kopfkissen einer liebenden Frau gelegt, sollen die Liebe zwischen den Partnern steigern und empfängnisfördernd wirken.

Der Umkehrschluß ist allerdings nicht erlaubt – ich kann, Sie werden das verstehen, keine Garantie (und auch keine Alimente) übernehmen ...

Warum diese Wirkung? Nun, die Blumen sollen chemische Stoffe enthalten, die die Produktion der hormonellen Stimmungsmacher, der Endorphine, ankurbeln. Kein Wunder ...

Auch Seerosen-Blütenblättern sagt man eine ähnliche Wirkung nach: Möglichst sechs davon an der Zahl in einem Leinenbeutel um den Hals getragen, sollen die Potenz des Mannes und das Liebesverlangen der

Frau fördern. Im Zeitalter des *Viagra* ist dies allemal einen Versuch wert – ganz ohne Nebenwirkungen!

Das folgende Bad hilft Ihnen, sich binnen einer Stunde von negativen Energien aller Art zu befreien und auf die Begegnung mit Ihrem Partner/Ihrer Partnerin einzustimmen.

Rosenblüten- und Rosenquarz-Erholungsbad

Frische Rosenblüten stecken voller heilkräftiger Substanzen. So zum Beispiel Fett, Zucker, Zitronensäure, ätherische Öle und Gerbstoffe. Der Rosenquarz sorgt für eine ausgeglichene Seele!

Für dieses Bad:

✓ 3 Handvoll gemischter Rosenblätter
✓ 1 Faustgroßer Rosenquarz
✓ 1 Becher süße Sahne

ins Badewasser geben und ca. 15 – 20 Minuten entspannen.

Eine reizvolle Variante ...

Aphrodisierendes Rosenbad

✓ 4 Tropfen Ylang-Ylang Öl
✓ 3 Tropfen Neroli Öl
✓ 2 Tropfen Bergamotte Öl
✓ 2 EL Honig
✓ 1 Becher Sahne

Vermischen Sie alle Zutaten im Badewasser und lassen Sie sich zu einem euphorischen Baderitual stimulieren.

Räucherwerk für Liebesstunden

✓ 1 Likörglas Rosenwasser

✓ 20 Gewürznelken

Die Gewürznelken in einer Kaffeemühle pulverisieren und mit dem Rosenwasser vermischen. Eine Pfanne erhitzen und ein wenig von der Mischung hineinkippen und durch die Räume wandeln, die Sie in einen Tempel der Liebe verwandeln möchten. Solange wiederholen, bis alle Räume duften.

Aber was tun, wenn er nicht will???

Verzichten! Oder zu einer Räucherung greifen, um ihn umzustimmen? Probieren Sie es doch einmal aus.

Die folgende Räucherung wurde im alten Ägypten "Fröhlichkeitsräucherung" genannt.

Dabei sind im übrigen auch die Gestirne zu beachten – die Räucherung sollte nicht zubereitet werden, wenn die kämpferischen Planeten Mars oder Saturn am Horizont aufsteigen. Das wäre ein Widerspruch, denn diese Räuchermischung verkörpert die harmonische, liebevolle, erotische Eigenart der Venus.

Räucherzauber

✓ Jasminblüten

✓ Rotes Sandelholz

✓ Rosenblüten

✓ Ylang-Ylang

✓ Benzoe

✓ Ambra

Tragen Sie dieses Räucherwerk in einem Räuchergefäß durch die Räume. Wetten daß? ...

Daß die Liebe seit jeher durch den Magen geht, daran hat sich bis heute nichts geändert. Mit diesen Rosenrezepten werden Sie seine Sinne betören, denn der Duft der Rose verzaubert nicht nur die Nase, sondern auch den Gaumen. Wenn Sie sich und ihm also einmal so richtig Luxus pur gönnen wollen: Zaubern Sie mit Rosen in der Küche!

Wie wäre es mit Rosenpralinen zur Begrüßung?

Es versteht sich, daß Sie am besten stark duftende Rosenblütenblätter verwenden, um den Rezepten das Aroma zu verleihen, das sie schließlich haben sollen – anregend, betörend, die Sinne berauschend ...

Rosenpralinen

✓ 20 g Kokosfett
✓ 500 g weiße Kuvertüre
✓ 25 g gehackte Mandeln
✓ 25 g Zucker
✓ einige Tropfen Öl
✓ 100 ml Schlagsahne
✓ 100 g Blütenblätter von ungespritzten Duftrosen
✓ 1 EL Rosenwasser

Das Fett schmelzen und eine Eiswürfelschale damit auspinseln. 300 g Kuvertüre hacken und im warmen Wasserbad schmelzen.

Die Eiswürfelförmchen damit auspinseln und kalt stellen. Wenn die Kuvertüre erstarrt ist, erneut mit Kuvertüre auspinseln.

Die Mandeln in einer Pfanne ohne Fett rösten, den Zucker darüber streuen und karamellisieren lassen. Auf die geölte Alufolie geben und abkühlen lassen.

Die Sahne aufkochen und die Blütenblätter darin ziehen lassen. Dann die Sahne durch ein Sieb geben, Blätter gut ausdrücken. Die restliche Kuvertüre hacken und in der heißen Sahne schmelzen.

Mandelkrokant zerstoßen und mit dem Rosenwasser in die Schokoladensahne rühren. Abkühlen lassen, danach in die ausgepinselten Förmchen füllen und fest werden lassen.

Die übrige Kuvertüre erneut schmelzen und dünn auf die Pralinenmasse streichen. Nochmals kalt stellen.

Die Pralinen vorsichtig aus der Form lösen.

Zubereitungszeit ca. 2 Stunden (ohne Kühlzeiten, ca. 20 Stück).

Oder wie wäre es hiermit?

Kandierte Rosen

✓ Ca. 10 ungespritzte Duftrosen, am besten aus dem eigenen Garten
✓ 3 Eiweiß
✓ 100 g Zucker

Die Stiele kurz unterhalb der Blüte abschneiden.

Das Eiweiß mit 6 EL Wasser kurz verschlagen. Die Blüten darin wenden und leicht ausschütteln. Rundherum dicht mit Zucker bestreuen.

Mit dem Stielansatz nach unten auf ein Gitter setzen und im Backofen auf der niedrigsten Stufe bei leicht geöffneter Ofentür ca. 4 – 5 Stunden trocknen lassen.

Tip: Es können auch einzelne Rosenblätter kandiert werden. Dann verringert sich die Trocknungszeit.

Zubereitungszeit ca. 15 Minuten (ohne Trocknungszeit, ca. 10 Stück).

Hier zwei Rezepte, mit denen Sie alle möglichen Speisen mit Rosenduft versüßen können. Verleihen Sie Ihrer Phantasie Flügel ...

Rosenzucker

(ca. 100 g)

✓ 5 ml künstliches Rosenöl (natürliches ist leider unbezahlbar)
✓ 100 g Würfelzucker

Öl über den Würfelzucker träufeln und an einem warmen Ort trocknen lassen.
In einen Gefrierbeutel geben und mit dem Nudelholz zerstoßen.
In einem dicht schließenden Gefäß aufbewahren.
Rosenöl ist sehr konzentriert und muß sparsam verwendet werden. Mit dem Zucker können Sie feine Backwaren, Desserts oder Tee würzen.

Zubereitungszeit ca. 5 Minuten (ohne Trocknungszeit).

Rosensirup

(ca. 1 l)

✓ 250 g Rosenblätter von ungespritzten roten und rosafarbenen Duftrosen
✓ 1 kg Zucker
✓ Saft von 2 Zitronen
✓ 1 Msp. Rosenzucker

Den Ansatz der Blütenblätter abschneiden.

500 ml Wasser aufkochen und Blütenblätter zugeben. 5 Minuten sieden lassen, bis die Farbe und der Duft auf die Flüssigkeit übergegangen sind. Dann durch ein Sieb gießen und die Blätter auspressen.

Die Flüssigkeitsmenge abmessen und evtl. mit Wasser auf 1/2 l auffüllen. Dann Zucker, Zitronensaft und Rosenzucker zugeben. Alles Aufkochen lassen und ca. 5 Minuten zu Sirup einkochen.

In verschließbare Flaschen oder Gläser füllen und kühl aufbewahren. Für Desserts, Cocktails, Soßen usw.

Zubereitungszeit ca. 45 Minuten.

Nachdem Sie Ihren Liebsten nun hinreichend damit verzaubert haben, sollten Sie sich den Getränken widmen. Alkoholisch? Sie wissen ja, zuviel Alkohol verdirbt das, was Sie doch eigentlich erreichen möchten ...

Rosenlimonade

(4 Gläser á 0,1 l)

✓ 100 ml Rosensirup
✓ 1 Limette
✓ 500 ml Mineralwasser

Je 25 ml Sirup in ein Glas geben.

Die Limette in Scheiben schneiden und zusammen mit kaltem Mineralwasser zugeben.

Zubereitungszeit ca. 5 Minuten.

Rosenblüten-Tee
(für ca. 5 Gläser)

- ✓ 125 g Erdbeeren
- ✓ 5 Teelöffel Rosenblütentee
- ✓ 1/2 Liter Wasser
- ✓ 1 unbehandelte Zitrone
- ✓ Zucker und Eiswürfel

Die frischen Erdbeeren waschen und entstielen und halbieren. Die Erdbeeren mit etwas Zucker bestreuen und in einem zugedeckten Gefäß ziehen lassen. Dann den Tee zubereiten und abkühlen lassen. Die Zitrone auspressen und zusammen mit dem kalten Tee in ein Bowlegefäß gießen. Die gezuckerten Erdbeeren und die Eiswürfel dazu geben.

Nehmen Sie sich nun Zeit für diesen köstlichen erfrischenden Tee.

Aber natürlich kann man die Erdbeeren auch noch anders genießen ...

Rosentee »Junge Liebe«
Für diese köstliche Tee-Mischung benötigen Sie folgende Zutaten:

- ✓ 1 Liter Mineralwasser
- ✓ 1/2 TL Orangenblüten
- ✓ 1/2 TL möglichst frische Minzeblätter
- ✓ 6 frische, rote Rosenblätter
- ✓ 1 Fingerspitze Bohnenkraut getrocknet
- ✓ 1 Tropfen Rosenöl

Die Zutaten in eine vorgewärmte Teekanne geben und mit dem zum Kochen gebrachten Mineralwasser überbrühen und nicht länger als 3 Minuten ziehen lassen. Diesen Tee so oft als möglich – am besten abends – mit dem Partner zusammen genießen. Sie werden angenehm überrascht sein von der erstaunlichen Wirkung dieses Tees ...

Oder soll es doch etwas Alkoholisches sein?

Rosen-Bowle »Liebeszauber«

✓ 8 ungespritzte Rosenblüten
✓ 1 Flasche Weißwein
✓ 2 Flaschen trockener Sekt
✓ 4 cl Armagnac
✓ 2 EL Zucker

Die Blüten werden mit dem Weißwein, Armagnac und Zucker zwei bis drei Stunden zugedeckt in den Kühlschrank gestellt. Anschließend abseihen und mit einem guten Sekt (besser Champagner) auffüllen.

Rosencocktail

✓ 1 TL flüssiger Honig
✓ 2 Tropfen Rosenöl
✓ 1 Glas Madeirawein
✓ 2 Glas Champagner/Sekt

In einer Karaffe den Honig, das Rosenöl und den Madeirawein mischen und so lange rühren, bis sich der Honig und das Öl gelöst haben.

Den Champagner/Sekt dazugeben und nochmals sanft umrühren. Sofort in schönen Gläsern servieren.

Und wie wäre es nun mit einigen »Nachspeisen« ...

Geeister Rosenschaum

✓ 4 – 5 große Rosenblüten
✓ 300 g Zucker
✓ 1/2 Glas Weißwein
✓ 1/2 unbehandelte Zitrone
✓ 6 Eigelb
✓ 1/2 l süße Sahne
✓ Rosensirup

Die Rosenblütenblätter zupfen und zusammen mit 100 g Zucker, Weißwein und dem Saft einer Zitrone kochen, bis die Rosenblütenblätter zerfallen. Anschließend abkühlen lassen.

Das Eigelb mit 200 g Zucker in einem Gefäß schaumig rühren, dann im Wasserbad weiter rühren, bis die Masse dick wird (Achtung: Die Masse darf nicht kochen).

Auch diese Masse auskühlen lassen.

Die beiden ausgekühlten Massen gut miteinander vermischen und vorsichtig unter die Schlagsahne ziehen.

Anschließend in eine Glasform füllen und ca. 3 – 4 Stunden gefrieren lassen.

Vor dem Stürzen kurz in warmes Wasser stellen.

Mit Rosensirup übergießen und liebevoll mit Rosenblütenblättern dekorieren. Sofort servieren.

Rosenblüteneis

✓ 450 g Crème fraîche
✓ 150 g Himbeeren
✓ 140 g Zucker
✓ 2 TL Rosenwasser

✓ 1 Prise Kardamom, gemahlen
✓ Rosenblütenblätter zum Garnieren

Alle Zutaten in eine Schüssel geben und mit dem Schwingbesen verrühren, bis der Zucker aufgelöst ist. In den Tiefkühler stellen. Ca. alle 15 Minuten mit dem Schwingbesen rühren, damit die Eiskristalle klein bleiben.

Sobald die Masse dickflüssig gefroren ist, in 4 Gläser oder Dessertschalen spritzen und mit Folie zugedeckt tiefkühlen.

Das Rosenblüteneis 20 Minuten vor dem Servieren in den Kühlschrank stellen.

Mit Rosenblütenblättern garnieren und sofort servieren.

Tip: Zum Garnieren unbedingt Blütenblätter von ungespritzten Freilandrosen verwenden und mit Pfefferminzzweigen garnieren.

Rosenpudding

✓ 20 g Rosenblütenblätter
✓ 200 g Zwieback
✓ 12 Eier
✓ 200 g Puderzucker
✓ 1/4 Liter Schlagsahne
✓ Zimt
✓ Salz

Die Rosenblütenblätter waschen, abtropfen lassen, den bitteren Stilansatz entfernen und auf einem Brett mit einem scharfen Wiegemesser fein hacken. Dann mit zerstoßenem Zwieback vermischen und in eine Schüssel füllen. Zugedeckt stehen lassen. Die Eigelb mit Puderzucker schaumig rühren, Schlagsahne und die gewonnene Rosenmasse, eine Prise Zimt und eine Prise Salz hinzufügen und den Eischnee darunterheben. Alles in eine gebutterte, mit Zwieback ausgesiebte Form füllen und etwa 90 Minuten im Wasserbad kochen. Den Rosenpudding mit Wein oder Vanillesoße servieren.

Nachdem nun in Ihrem Liebesleben rosige Zeiten angebrochen sind, sollten Sie auch mit Rosen weitermachen. Was halten Sie von Rosenblüten zum Frühstück?

Rosenblüten aller Farben sind eßbar, bevorzugt werden natürlich die roten, die süß-herb schmecken und eine appetitanregende Dekoration abgeben für Eis, Desserts, Säfte, Salate und Müsli.

Die Inhaltsstoffe, vor allem Gerbstoffe und Quer-Vetin, fördern die Verdauung, beruhigen und vertreiben Kopfschmerzen. Also bestens geeignet für ein Frühstück nach einer harten Nacht:

Rosenbrötchen

✓ 250 g Rosenblütenblätter
✓ 3 Eigelb
✓ 125 g Mehl
✓ 1 Prise Salz
✓ 1 EL Zucker

Gut verlesene Rosenblütenblätter waschen, den bitteren Stilansatz entfernen, abtropfen lassen und fein hacken. Eigelb, Mehl, Salz und Zucker zugeben und alles zu einem Teig kneten. Kleine, ziemlich dicke Brötchen formen und an der Sonne oder im laufwarmen Ofen ganz hart trocknen. Diese harten, getrockneten Rosenbrötchen auf einer Küchenreibe reiben und als würzige Zutat an Milchsoßen oder über süße Speisen geben.

Oder wecken Sie Ihren Liebsten doch mit einem

Rosengruß am Morgen

- ✓ 1 EL Weizen
- ✓ 3 EL feine Haferflocken
- ✓ 2 EL Sahnequark
- ✓ 2 EL Honig
- ✓ 1 EL Mandeln
- ✓ 1 TL Carob-Creme
- ✓ 1 Messerspitze Zimt
- ✓ 1 Messerspitze Vanille
- ✓ 1 kleine Banane
- ✓ frische Erdbeeren

Den feingeschroteten und über Nacht gequollenen Weizen zusammen mit den Haferflocken in eine Schale geben. Dann die zerkleinerten Mandeln, Quark, Honig und Carob-Creme daruntermengen. Mit den Gewürzen abschmecken. Die Banane kann entweder zerdrückt untergezogen oder kleingeschnitten mit den ganzen Erdbeeren darübergegeben werden.

Anschließend mit roten Rosenblüten, möglichst aus Ihrem eigenen Garten, ungespritzt, als Dekoration darüberstreuen.

Wenn Sie jedoch keine Gelegenheit (mehr) hatten, am Tag vorher den Weizen zum Quellen anzusetzen, oder aber Ihnen an diesem Morgen nach etwas Deftigem zumute ist, dann überlasse ich es natürlich Ihrer Phantasie, für Ihren Liebsten und sich ein anderes Frühstück entsprechend romantisch zuzubereiten.

Aber Rosenhonig wäre doch allemal etwas, egal worauf Sie sonst noch Appetit haben ...

Rosenhonig

- ✓ 50 g Rosenblüten
- ✓ 1/4 Liter Wasser
- ✓ 300 – 400 g Honig

Die Rosenblüten (den unteren weißen Rand abschneiden, der könnte leicht bitter schmecken) im Wasser etwa 10 Minuten kochen und dann etwas ziehen lassen. Flüssigkeit abseihen und mit dem Honig verrühren. In Schraubdeckelgläser füllen und kühl aufbewahren.

Apfel-Gelee mit Rosenblättern

- ✓ 1 kg rote Äpfel möglichst unreif
- ✓ 1 Zitrone (Schale unbehandelt)
- ✓ ca. 200 – 250 g Rosenblütenblätter von stark duftenden, roten Rosen
- ✓ Zucker 1 : 1 zum gewonnenen Saft
- ✓ Sie können auch Blütenblätter der Heckenrose verwenden
- ✓ 1 kleines Stückchen Ingwer

Die Äpfel gründlich waschen - nicht schälen (macht schöne Farbe). Die Zitrone hauchdünn schälen und zwischen die Stücke legen. Die Äpfel mit Wasser bedecken und zum Kochen bringen. Dann Zitronenschale entfernen. Äpfel weichkochen, absieben und über Nacht abtropfen lassen. Die Rosenblätter ins Sieb geben (sauberes), kurz in das kochende Wasser tauchen und mit Eiswasser abschrecken. Den Saft mit gleicher Menge Zucker mischen, erhitzen und die Rosenblätter zugeben, aber 2 Eßlöffel voll Blätter aufbewahren. Ein Stück Ingwer zugeben und zum Kochen bringen. Wenn die Rosenblätter nicht mehr oben schwimmen, mit einer Schaumkelle herausnehmen. Saft weiterkochen, bis Geleeprobe fest wird. Dann die restlichen Blätter unter das Gelee mischen und sofort in saubere Gläser füllen! Schmeckt toll! Der Mond sollte im Krebs, Stier oder Fische beim Kochen dieses Rezeptes stehen.

Man kann auch noch 1 Tropfen Rosenöl in die heiße Geleemasse vor dem Einfüllen geben!

Und wenn Sie sauer sind, weil er nicht zum Rendez-vous erschienen ist? Nun – auch dafür gibt es eine Lösung.

Rosenblütenessig

✓ 1 – 2 Handvoll Rosenblätter ohne Stil
✓ 1/2 Liter Wein- oder Obstessig

Die Rosenblätter ohne Stil mit gutem Wein- oder Obstessig aufgießen und in verschlossener Flasche ein paar Tage in der Sonne stehen lassen. Dem Liebsten beim nächsten Mal als Cocktail servieren – und er wird die Botschaft verstehen. Aber, bitte, seien Sie sich sicher, vorher, ob Sie ihn wirklich auf immer und ewig loswerden möchten!

Aber wer kann Ihnen und solch phantastischen Rezepten schon widerstehen?
Und es geht noch weiter ...

Rosencremesuppe

✓ 1 Zwiebel
✓ 1 große Fenchelknolle
✓ 200 g Karotten
✓ 200 g Pastinaken
✓ 3 EL Öl
✓ 1/2 TL Curry
✓ 3/4 Liter Gemüsebrühe
✓ Kräutersalz
✓ Pfeffer
✓ 1 Tropfen Rosenöl

✓ 3 EL Sonnenblumenöl
✓ 1 kleines Gläschen Sherry
✓ 4 EL Sonnenblumenkerne

Die Zwiebel schälen und würfeln.

Das Gemüse gründlich waschen, putzen und klein schneiden. In einem großen Topf das Öl erhitzen, Curry dazugeben und die Zwiebel dünsten, bis sie glasig ist.

Nun das Gemüse dazugeben und kurz mitdünsten. Anschließend mit der Gemüsebrühe auffüllen. Alles bei mittlerer Hitze ca. 15 Minuten kochen lassen.

Anschließend den Topf vom Herd neben und die Suppe mit dem Pürierstab rühren, bis sie cremig ist. Nun mit Kräutersalz und frisch gemahlenem Pfeffer abschmecken.

Das Rosen- und Kürbiskernöl zusammen mit dem Sherry in eine kleine Schüssel geben und gut umrühren. Dies alles unter die fertige Suppe rühren und wenige Minuten ziehen lassen. Die Sonnenblumenkerne in einer trockenen Pfanne ein wenig rösten.

Anschließend die Suppe auf die Teller verteilen und die Sonnenblumenkerne darüber streuen.

Es liegt in der Natur der Rose, daß sich mit ihr (fast) nur süße Speisen, in welcher Form auch immer, zubereiten lassen – so süß, wie die Liebe sein sollte. Aber Sie können sicher sein, mit diesen Rezepten werden nicht nur Sie dem Zauber der Rose erliegen!

Diese und andere Rezepte und noch sehr viel mehr Tips zum Wohlfühlen finden Sie u.a. in den Büchern der Autorinnen Melissa Bónya und Sylvia Leela Isani/Christine Janson (siehe Werbung am Schluß des Buches).

Natürlich sind diese Rezepte und Tips nicht nur den Göttinnen von heute vorbehalten – im Gegenteil: Bitte lassen auch Sie sich, liebe Vertreter des starken Geschlechts, davon inspirieren und werden Sie zum phantasievollen Verehrer Ihrer Göttin!!

Der Duft einer Rose genügt,
um eine Frau mit wortloser,
rätselhafter Poesie zu erfüllen,
als ob sie zehn Jahrhunderte
jünger wäre.

Colette

Schönheit & Wohlbefinden

Wir haben bereits gesehen, wie vielfältig die Rose in ihrer Anwendung und Wirkung ist. Vielleicht ist Ihnen ja schon ganz schwindelig, von all den Rosendüften und –genüssen!

Daß Rosenblüten in vielfältiger Form – als Rosenöl oder Rosenwasser – auch ein altgedientes Schönheitsmittel sind, das wußte nicht nur Cleopatra.

Schönheitsmittel

Falls Sie zu den Glücklichen gehören, die frische Ziegenmilch zu kaufen bekommen, können Sie folgendes ausprobieren:

1 – 2 Liter Ziegenmilch

2 Handvoll frische Rosenblätter, wenn möglich dann bitte Blätter von den herrlichen Wildrosen!

Geben Sie die Rosenblätter zur frischen Ziegenmilch und lassen Sie diese Schönheitsmixtur über Nacht stehen. Die »Rosenmilch« am nächsten Tag für ein wohltuendes und der Schönheit sehr zuträgliches Bad verwenden. Mindestens 20 Minuten im nicht zu heißen Wasser verweilen.

Rosenwasser

Basis für viele Schönheitsrezepte ist Rosenwasser.

Hier das Rezept, das einst eine freundliche, alte Dame der Autorin des Smaragd Verlags, Melissa Bónya verraten hat, für frisch zubereitetes Rosenwasser:

Sie benötigen insgesamt 5 Tassen (normale Kaffeetassen) Rosenblätter und verfahren wie folgt:

1 Tasse Rosenblätter aus dem Garten (ungespritzt!) oder Wildrosenblätter, vorzugsweise bei Neumond und sonnigem Wetter gepflückt (dürfen nicht naß sein!).

Die Rosenblätter in der Tasse mit Wasser übergießen, bis diese bedeckt sind, dann in einen kleinen Topf schütten, Deckel drauf und ca. 30 Minuten köcheln lassen. Danach absieben und abermals eine Tasse Rosenblätter in den aufgefangenen Sud schütten, zurück in den Topf geben und abermals köcheln lassen. Diesen Vorgang insgesamt viermal wiederholen! Den Sud bei geschlossenem Deckel abkühlen lassen – danach in eine saubere, dunkle Flasche füllen und im Kühlschrank lagern – schnell verbrauchen – so wie hier für dieses Rezept!

Mit dem Rosenwasser läßt sich vielerlei anfangen. Hier einige Möglichkeiten:

Gesichtskompresse

Ein sauberes Tuch in reinem unverdünnten Rosenwasser tränken und einige Minuten über das Gesicht breiten. Dies wirkt bei Fieber und Kopfschmerzen kühlend und wohltuend.

Augenkompresse

Zwei Wattepads mit Rosenwasser tränken und fünf Minuten auf die geschlossenen Augen legen und entspannen.

Dies wirkt besonders bei überanstrengten Augen.

Da dieses reine Rosenwasser keinen Alkohol enthält, bleibt das Spannungsgefühl, das durch den Alkohol in vielen Gesichtswässern verursacht wird, auf der Haut aus und ist daher auch für sehr sensible Haut geeignet.

Bäder mit Rosen finden Sie im Kapitel *Rosenliebe.*

Zuverlässiger Steßkiller

10 Tropfen reines Rosenöl mit 1 TL Badelotion ins 36 Grad warme Badewasser geben. Blüten-Feeling total!

Rosen-Öl (Marokkanisches)

Kein Duft für schüchterne Mädchen, sondern eher für die reife, leidenschaftliche Frau, die ganz genau weiß, was sie will und es auch fast immer bekommt!

Marokkanische Rose ist *»die Femme fatale«* unter den ätherischen Ölen!

Dieser sinnlich schwere Duft umhüllt Ihren Körper mit einem betörenden Hauch voll von animalischer Sinnlichkeit und läßt Sie geheimnisvoll und verführerisch zugleich wirken. Marokkanische Rose weckt nicht nur Ihre geheimen Wünsche in puncto Sex und Liebe!

Auch für psychisches Mißempfinden läßt sich die Rose vielfältig verwenden. Kein Wunder also, daß auch bei den Essenzen die Rose ihre Anwendung findet.

Hier einige Beispiele:

Wild Rose (*Rosa canina* = Apfelrose/Heckenrose/Hundsrose)

Hierbei handelt es sich, wie der englische Name schon sagt, um die »Wildrose«, also die ursprüngliche Gattung der Rose.

Diese Pflanze, die zu den kalifornischen Blüten gehört, ist ein Strauch mit schwach duftenden Blüten in Blaßrosa bis Hellrosa, wächst in Europa und Amerika und blüht im Juni.

Bezugsquelle hinten im Buch.

Die Essenz fördert die Begeistungsfähigkeit und die Möglichkeit, das eigene Leben anzunehmen und seinen Seelenplan umzusetzen. Sie hilft daher bei Desinteresse und Apathie sowie bei Mangel an Lebensenergie und bei Orientierungslosigkeit. Mit ihrer Hilfe bekommt das Leben neuen Schwung und neuen Sinn.

Dog Rose (*Bauera rubioides*
– ähnlich der *Rosa canina*/Heckenrose)

Diese Pflanze wächst im Strauch bis zu zwei Metern hoch und besteht aus schmalen Blättern und weißen bis rosafarbenen Blüten aus sechs Blütenblättern. Sie gehört zu den australischen Busch-Blüten, wächst in Australien und blüht dort im Sommer.

Bezugsquelle hinten im Buch.

Diese Essenz fördert Selbstvertrauen, Mut und die Liebe zum Leben und hilft gegen Ängstlichkeit im Umgang mit anderen Menschen, bohrenden Ängsten sowie Schüchternheit und Unsicherheit.

Sie dient zur Behandlung gegen die »kleine« Angst, nicht die panikartige, sondern zum Beispiel die Angst vor großen Höhen, vor Hunden, Einbrechern etc. Wenn die Angst überwunden wird, gewinnt der Mensch mehr Energie und paßt sich dem Fluß des Lebens wieder an, wodurch die Lebensqualität steigt. Diese Essenz gibt Mut, Zuversicht und Selbstvertrauen.

Rock Rose (*Helianthemum nummularium*)
(gehört zur Gruppe der Cistaceae/Zistrosen)

Diese Pflanze ist eine der *Bachblüten*, 15 bis 30 cm hoch und träge wenige, zitronengelbe fünfblättrige Blüten. Sie ist in Europa verbreitet und blüht zwischen Juli und Oktober. Der deutsche Name ist: Sonnenröschen.

Bezugsquelle hinten im Buch.

Diese Essenz wirkt, wie könnte es anders sein, auf das Sonnengeschlecht-Chakra.

Die Essenz hilft, in einer Notsituation über sich selbst hinauszuwachsen und gegebenenfalls sogar der Todesgefahr ins Auge zu sehen und ist eine wunderbare seelische Hilfe bei extremer Angst, Panik, wie zum Beispiel Angst um das eigene Leben, vor Verlust der Identität etc.

Rock Rose ist eine der Blüten aus Dr. Bachs Notfallmischung. Sie wirkt auf Zustände allerhöchsten Entsetzens und wird bei Unfällen oder plötzlichen Erkrankungen verwendet.

Natürlich, und das ganz hervorragend, eignet sich Rosenöl bzw. -essenz für die Duftlampe.

Bei den Aromaherstellern finden Sie eine Reihe von Rosen-Duftstoffen. Bitte achten Sie darauf, daß es sich unbedingt um naturreine Stoffe handelt.

Hier einige Beispiele als Unterstützung einer Behandlung durch einen Arzt/Heilpraktiker:

Zistrose (*Cistus ladaniferus L. – Cistaceae*)

Wirkung: Gegen Infektionen und Viren. Blutstillend. Reguliert das vegetative Nervensystem, wirkt zusammenziehend und stärkend, fördert die Vernarbung von Wunden.

Anwendung: Ansteckende Kinderkrankheiten, Viruserkrankungen, Blutungen, Immunerkrankungen, Rheuma, Multiple Sklerose, Wunden, Geschwüre, vegetative Dystonie.

Rose (*Rosa damascaena miller, Rosa centifolia*)

Wirkung: Stimulierend für Herz, Magen, Leber und Gebärmutter. Stärkend, zusammenziehend, schleimlösend. Leicht abführend. Die Wundheilung und die Vernarbung fördernd, blutstillend, entzündungshemmend; gegen Viren und Bakterien. Beruhigend, nervenstärkend. Aphrodisiakum.

Anwendung: Chronische Bronchitis und Angina, Tuberkulose, Asthma. Nervosität, sexuelle Astenie, Frigidität, Impotenz, Erschöpfung, Atonie. Hautkrankheiten, Wunden, entzündliche Prozesse, Geschwüre, Verstauchungen, Zerrungen. Geplatzte Äderchen, Falten, Hauptpflege. Aphten und Zahnfleischentzündung.

Nebenwirkungen: Wenn Sie normal dosieren: keine.

Rosenholz (*Aniba rosaeodora ducke var. amazonica*)

Bitte lassen Sie sich nicht, wie auch ich zuerst, von dem Namen Rose beirren. Dieses Öl hat nichts mit der Rose oder dem Rosenstock zu tun, sondern heißt nur so, weil der Strauch stark duftet.

Natürlich können Sie auch Rosenöl mit anderen Düften mischen und Ihre eigene Kreation schaffen. Einige Beispiele finden Sie im Kapitel *Rose – du Mystische.*

Ein weiteres Beispiel:

Beschwingter Rosenduft für den Morgen

✓ 2 Tropfen Rosenöl
✓ 2 Tropfen Rosengeraniumöl
✓ 3 Tropfen Bergamottöl
✓ 3 Tropfen Honigextrakt

Alle Zutaten in die mit Wasser gefüllte Verdunsterschale einer Duftlampe geben. Nicht vergessen, das Teelicht anzuzünden!

Die Rose fördert aber nicht nur das Wohlempfinden, sondern besitzt auch eine enorme Heilkraft.

Das Öl wirkt beruhigend auf Herz und Kreislauf, lindert Depressionen und Schlafstörungen und hilft bei Hautproblemen und Entzündungen, wie wir bereits gesehen haben.

Kein Wunder also, daß man schon in der Antike versucht hat, sich den Duft von Rosenblüten nutzbar zu machen. Damals legte man Blütenblätter in Fett oder Öl und stellte daraus parfümierte Salben her. Das ist jedoch nicht das echte Rosenöl, wie wir es heute kennen.

Hauptsächlich die *Rosa damaszena* und die *Rosa centifolia* werden zur Ölgewinnung verwendet. Wichtige Lieferanten sind Bulgarien, die Türkei, Marokko und die Ukraine. Am ertragreichsten ist jedoch die dreißigblättrige Rose von Damaskus, die *Rosa damaszena tringintipetala,* die vor allem auch in Saudi Arabien, im Iran und in Rußland angebaut wird, da sie leicht zu kultivieren ist und ein qualitativ hochwertiges Rosenöl ergibt. Da sie nur einmal in der Saison blüht, muß sie in den Monaten Mai/Juni geerntet werden.

Die Wasserdampfdestillation ist das Verfahren, das heute zur Herstellung von Rosenöl verwendet wird, anders als seinerzeit im Orient, als Rosenöl unter dem Namen *Attar* verbreitet war. Noch heute heißt Rosenöl im Englischen *attar.*

Bei dem heutigen Verfahren werden die Rosenblüten frühmorgens von Hand gepflückt, da in dieser Zeit ihr Gehalt an ätherischem Öl am höchsten ist. Da die Blütenblätter sehr empfindlich sind, findet die Destillation bereits wenige Stunden nach der Ernte durch heißen Wasserdampf statt, der den Pflanzen alle flüchtigen Duftstoffe entzieht. Bei der Konsendation entsteht ein Gemisch aus Wasser und ätherischem Öl, von dem dann das ätherische Öl abgeschöpft wird. Die zurückbleibende Flüssigkeit ist das Rosenwasser.

Das Rosenöl hat eine klare grünliche Farbe und den typischen blumigen, süßen Duft der Rose.

Ein Rezept für Rosenwasser, das Sie selbst herstellen können, habe ich Ihnen bereits gegeben.

Für die Herstellung eines Liters ätherischen Rosenöls werden zwischen viertausend und achttausend Kilogramm Rosenblütenblätter benötigt! Das ist eine enorme Menge und erklärt den extrem hohen Preis von echtem Rosenöl. Bulgarisches Rosenöl wie auch das türkische gelten als die besten Sorten und erfreuen sich immer größerer Beliebtheit. Dieses destillierte Rosenöl wird für Parfüms, in der Kosmetik und in der Aromatherapie verwendet.

In einem weiteren Verfahren, der Extraktion, wird Rosenabsolue hergestellt. Als Grundlage dient hierfür die *Rosa centifolia*, die in Frankreich, Ägypten und Marokko angebaut wird.

Hierbei werden die Duftstoffe mit Hilfe eines Lösungsmittels wie Hexan oder Methanol herausgelöst und anschließend mit Alkohol behandelt, um Wachse und Lösungsmittelreste wieder zu entfernen. Dann wird der Alkohol abdestilliert.

Das Rosenabsolue hat eine rötlich-braune Farbe und ist zähflüssiger als das Öl, sein Duft süß, würzig, blumig und warm. Absolues werden für die Parfümherstellung verwendet, während das Rosenöl mehr in der Therapie Anwendung findet.

Heiltees mit Rosen

Natürlich gibt es, wie könnte es anders sein, ebenfalls Heiltees zur Beruhigung und Harmonisierung des Herzens.

Melissen-Rosentee

✓ 1 Teelöffel Melisse
✓ 1 Teelöffel Rosenblüten

Mit heißem Wasser übergießen. Dann zehn Minuten ziehen lassen und den Tee abgießen. 2 – 3 Tassen täglich trinken.

Rosenherzhonig

Einen Tropfen reines Rosenöl in ein Glas Honig geben und gut einrühren. Diesen Honig dann zum Beispiel in den Tee geben. Honig wirkt beruhigend und stärkt den Herzmuskel. Das Rosenöl harmonisiert.

In Europa kennt man seit Jahrhunderten den medizinischen Wert dieser Blume. Im Jahr 76 v.Chr. erwähnte der römische Schriftsteller Plinius dreißig verschiedene Heilmittel, die aus Rosen hergestellt waren und gegen Schlaflosigkeit, Wunden, Magenbeschwerden und sogar Zahnschmerzen angewendet wurden.

Zu Zeiten großer Epidemien streute man Rosenblätter in die Häuser, um die Luft zu verbessern, und 1672 berichtete ein Amerikafahrer, Rosen würden gegen Seekrankheit helfen.

Bereits früh wurde Rosenessenz bei Apathie und mangelndem Lebensmut verschrieben; unsere modernen Essenzen sind also gar nicht so neu.

Der persische Arzt und Philosoph Avicenna (um 980 – 1037), dessen medizinsiches Handbuch 700 Jahre lang bis zum Beginn der modernen Medizin unbestrittene Autorität war, widmete der Rose sogar ein ganzes Werk.

Auch in der Phytotherapie (Kräuterheilkunde) finden unsere duftenden Gartenrosen in den verschiedensten Formen und Farben Anwendung.

Aufgrund der darin enthaltenen Gerbstoffe und ätherischen Öle sowie anderer Stoffe wurden die Rosenblüten früher vor allem gegen Durchfall eingesetzt. Heute dienen sie nur noch vereinzelt zur Parfümierung medizinischer Salben.

Die Rose in ihrer ursprünglichen Form, also ihre Blütenblätter, wird in der Phytotherapie relativ wenig eingesetzt. Wohl aber die Hagebutte, deren Früchte in der Zeit von September bis November an Wegrändern, Abhängen und Hecken gesammelt werden. Die Hagebutten sind sogenannte Scheinfrüchte und mit Borstenhaaren ausgestattet, die Sie sicherlich aus der Kindheit als Juckpulver kennen.

Nach dem Sammeln werden die Hagebutten aufgeschnitten. Entweder werden die Kerne (Samen) entfernt, wenn man sie extra haben möchte, oder die Droge ohne Kerne wünscht. Das Trocknen muß sehr schnell bei etwa 40°C geschehen. Anschließend wird die Droge in fest verschlossenen Behältern aufbewahrt, um die Inhaltsstoffe zu erhalten.

Die Hagebutte enthält hohe Mengen an Vitamin C sowie andere Vitamine (A, B1, B2, K, P) sowie Mineralstoffe, Fruchtsäuren, Flavonoide, Gerbstoffe und Zucker, in den Kernen Vanillin, und es gibt Wissenschaftler, die behaupten, der Vitamin-C-Gehalt der Hagebutte sei um etliches höher als der von Zitrusfrüchten.

Heilwirkung

Die Wirkstoffe der Hagebutte wirken vor allem in den Zeiten, in denen Erkältungsviren ihren Schabernack mit unserem Immunsystem treiben, vorbeugend, da ihr Vitamin-C-Gehalt die Abwehrkräfte erhöht.

Die Hagebutten werden vor allem als Tee verwendet – und wer kennt ihn nicht, den fruchtigen Hagebuttentee:

Hagebutten-Tee

✓ 2 gehäufte TL zerkleinerte Hagebutten
✓ 1/4 Liter Wasser

Die zerkleinerten Hagebutten mit Wasser übergießen, zum Sieden bringen und zehn Minuten lang kochen oder mit siedendem Wasser übergießen und fünfzehn Minuten lang ziehen lassen.

In der Volksmedizin wird Hagebuttentee, vor allem mit den Kernen, bei Husten und anderen Erkältungskrankheiten eingesetzt. Marmelade aus Hagebutten wird bei Appetitlosigkeit teelöffelweise gegeben. Frisch vom Strauch gepflückte Hagebutten (mit Kernen) sollen gegen Bandwürmer wirken. Die Hagebuttenkerne werden gegen Harnsteine, als Entwässerungsmittel sowie bei Rheuma und Gicht eingesetzt.

Bei zu langer Anwendung (über mehrere Monate) kann es allerdings zu allergischen Reaktionen kommen.

Hagebutten

Was sich nach Licht sehnt, ist nicht lichtlos,
denn die Sehnsucht ist schon Licht,
die Rose trägt das Licht
in der Knospe verschlossen. –
Die Schönheit, die sinnlich vergeht,
die hat einen Geist,
der sich weiterentwickeln will,
der Rose Geist steigt höher,
wenn ihre Schönheit verblüht.

Bettina von Arnim

Rose – du Mystische

Die Rose ist, neben ihrer Bedeutung als Symbol der Schönheit und der Liebe, auch ein Symbol der Vergänglichkeit – und der Verschwiegenheit, weshalb einige Geheimbünde die Rose als mystisches Symbol wählten.

So führte die Verbindung von Kreuz und Rose zum Symbol der Rosenkreuzer, einer mystischen Vereinigung, die von Christian Rosenkreutz gegründet wurde. *Sub rosa*, unter der Rose, bedeutet »vertraulich, nicht für die Öffentlichkeit bestimmt.«

Das Symbol des Rosenkreuzes stellt eine fünfblättrige Rose in einem Kreuz dar. Das Kreuz steht für das Leid, aber auch für Freiheit und Erlösung, die Rose für die Herrlichkeit, die geistige Wiedergeburt.

Auch bei den Freimaurern findet die Rose noch heute große Beachtung. So werden bei der Beerdigung eines Freimaurers drei Rosen ins Grab gelegt.

Die drei Johannesrosen werden als Licht, Liebe und Leben gedeutet; am Johannestag (24. Juni) wird die Loge mit Rosen in drei Farbtönen geschmückt (Rot, Weiß und Blaßrot). Und manche Logennamen weisen auf das Zeichen der Rose hin:

»Zu den drei Rosen« in Hamburg – eine Loge, in der Gotthold Ephraim Lessing (1729 – 1781) Mitglied war. Diese Symbolik offenbart sich auch in der Dichtung J. W. Goethes »die Geheimnisse, die von einem Kreuz erzählen, das mit Rosen begrenzt war«.

Bei den Sufis war die Rose auch Symbol der Liebe zum Göttlichen, des Verlangens nach seiner Nähe und der mystischen Vereinigung mit ihm.

Und auch heute noch ist sie Symbol der Aufgestiegenen Meisterin Lady Nada der Weißen Bruderschaft. Hier gilt die rosafarbene Rose als Symbol der bedingungslosen, göttlichen Liebe.

Botschaft von Lady Nada

Empfangen am 2. April 1999 von Armando de Melo, als er ihr Bild malte.

Hier ist eine Rose, ohne Dornen – eine Rose der Liebe.

Wenn ihr euch nicht selbst oder andere lieben könnt, dann fangt wenigstens erst einmal damit an, die Natur zu lieben.

Alles, was ihr und die Erde jetzt durchmacht, wird ein Ende haben. Je mehr Menschen sich bemühen, in Richtung dieses Gefühls zu gehen, dieser reinen Liebe, um so schneller wird sich alles verändern.

Wir können in eure Entscheidungen nicht eingreifen, und wir können nur helfen, wenn wir darum gebeten werden. Es ist schwer, sich von der verkalkten Illusion zu trennen, aber es ist dennoch möglich. Sagt niemals, es sei unmöglich, es ist nur schwierig. Deshalb treten wir jetzt mit so vielen Menschen in Kontakt, die dafür offen sind, und durch sie können wir unsere Liebe und unseren Segen allen Menschen spenden, zumindest all denen, deren Herz sich für uns öffnet. Nur durch euer Herz können wir zu euch kommen!

Laßt den Geist Christi der Eine und alle in jedem von euch sein!

Mit der Liebe des Allstrahlenden

Lady Nada

Armando de Melo: Lady Nada

Und auch der Erzengel Haniel, ein Engel mit strahlend weißen Flügeln, gekleidet in ein langes, rosa-farbenes Gewand, trägt weiße Rosen in einer Falte seines Gewandes.

Haben Sie schon einmal von Rosen geträumt? Und wußten Sie, was das bedeutet? –

Nun, von Rosen träumen, heißt:

Ihnen begegnen seelischer Reichtum, vielleicht auch die vollkommene Beziehung! Das gilt vor allem dann, wenn Sie von vielen roten, »offenen« Rosen träumen, die zu einem hübschen Strauß gebunden sind! Von Rosen am Strauch zu träumen bedeutet: Die Sehnsucht nach intensiven und auch sexuellen Gefühlen wird im Traum geweckt. Hingegen bedeuten welkende und schwarze Rosen im Traum, daß eine Trennung bevorsteht, aber auch Enttäuschung und das »Absterben« von Gefühlen, die einst von Liebe getragen waren. Verschenken Sie die »Blume der Liebe«, so zeigt das Ihr Gefühl für den Beschenkten, aber auch Ihre Bescheidenheit. Riechen Sie an dieser Blume, so haben Sie wohl ein Liebesglück versäumt. Sehen Sie gelbe Rosen, so werden Sie heimlich von jemandem geliebt. Sehen Sie im Raum geschlossene Rosenknospen, egal in welcher Farbe, so winkt Ihnen großes Glück in vielen Bereichen Ihres Lebens!

Die Rose dient auch, so heißt es in *Magie in der Küche,* als Hilfsmittel, Ihre Medialität und Intuition zu schulen, sind wir doch alle als mediale Wesen geboren - mit zwei Arten von Bewußtsein: dem *Tagesbewußtsein,* das sich als bewußter Verstand bezeichnen läßt und aktiv ist, wenn wir zum Beispiel denken; und dem *Unterbewußtsein,* in dem wir außersinnliche Signale empfangen.

In der Kindheit sind beide Bewußtseinsebenen miteinander verbunden, und die Informationen zwischen beiden fließt frei.

Leider verlieren die meisten von uns in der Zeit des Erwachsenwerdens diese natürliche Fähigkeit.

Wenn Sie die nachstehend genannten Gerichte und Nahrungsmittel richtig zubereiten und verzehren, wird der verschüttete Zugang zu Ihrem Unterbewußtsein wieder frei und Sie können das nutzen, was Ihnen von Geburt an mitgegeben ist: Ihre Intuition!

Die folgenden Nahrungsmittel sollten Sie meiden, wenn Sie Ihre Intuition schulen möchten.

Alkohol und Fleisch sowie koffeeinhaltige Produkte (Cola, Kaffee, Tee, Schokolade), Salz und Wurzelgemüse (Kartoffeln, Erdnüsse, Karotten etc.)

Fügen Sie stattdessen Rosenblüten Ihren Speisen in geringen Mengen hinzu und nehmen Sie den Duft des reichen Aromas wahr.

Rosen sind eine wundervolle Zutat. Hier einige Rezepte:

Bitte zünden Sie in der Küche eine blaue Kerze an. Schneiden Sie die Nahrungsmittel in Kreise oder Kugeln.

Bevor Sie mit Ihrem Unterbewußtsein Verbindung aufnehmen, sollten Sie eine Weile vorher fasten. Essen ›schließt‹ die Tür zu unserem Unterbewußtsein. Am besten, Sie essen erst wieder, wenn Ihre Arbeit mit dem Unterbewußtsein beendet ist, vor allem, wenn Sie Gerichte zu sich nehmen, die Ihre medialen Fähigkeiten behindern. Wenn Sie unbedingt etwas essen müssen, dann bitte nur leichte Kost.

Kandierte Rosenblüten

- ✓ 2 Tassen frische rote Rosenblütenblätter
- ✓ 1 Eiweiß
- ✓ 1 Tasse Zucker

Während des ganzen Vorgangs bitte visualisieren.

Die Rosenblüten waschen, sorgfältig trocknen und das Weiße herausschneiden. Sie müssen ganz trocken sein.

Das Eiweiß schlagen und jedes Rosenblatt in das Eiweiß tauchen, bis es ganz feucht ist. Zucker über jedes Rosenblatt streuen, bis es gleichmäßig bedeckt ist, und es auf ein ungefettetes Backblech legen. Den Vorgang wiederholen, bis alle Blütenblätter vorbereitet sind.

Die Blätter in der Sonne oder in einem warmen Ofen (120° C) trocknen, bis sie steif und kristallin sind.

Stücke aus Wachspapier ausschneiden, eines auf den Boden einer Dose legen und eine Schicht Rosenblätter darüberlegen, dann wieder ein Blatt Wachspapier und so weiter. Die Dose an einem kühlen trocknen Ort aufbewahren.

Roseneis

- ✓ 1/2 Tasse frische rote Rosenblütenblätter
- ✓ 1/2 Liter weiches, nicht geschmolzenes Vanilleeis
- ✓ 3/8 Tasse Rotwein
- ✓ 1/8 Tasse Rosenwasser
- ✓ 1 Teelöffel Puderzucker
- ✓ 12 kandierte rote Rosenblätter (siehe vorstehendes Rezept)

Verwenden Sie Rosen, die nicht mit Insektiziden behandelt worden sind. Die Blätter müssen sauber und dürfen nicht von Insekten angenagt sein.

Die Blätter sorgfältig in kaltem Wasser waschen und mit Papiertüchern trocknen.

Eine kleine Schere nehmen und den weißen unteren Teil der Blütenblätter abschneiden. Die vorbereiteten Rosenblüten kommen in eine Tasse, bis sie halb voll ist.

Sehen Sie sich, während Sie arbeiten, als medial begabten Menschen.

Die vorbereiteten Rosenblüten, den Wein, das Rosenwasser und den Zucker in einen Mixer füllen und diesen laufen lassen, bis alles verrührt und zerkleinert ist. Die weiche Eiskrem in eine Schüssel geben und die Mischung aus Rotwein-Rosenwasser-Zucker hinzufügen. Visualisieren und im Uhrzeigersinn rühren, bis alles vermischt ist.

Die Mischung in eine Eiswürfelbox schütten und in den Gefrierschrank stellen. Während des Gefrierens ein oder zweimal umrühren. Die Mischung eine Nacht im Gefrierschrank stehenlassen.

Zum Verzehr das Eis in Glaser füllen und mit kandierten Rosenblüten dekorieren.

Rosenhonig

✓ 1 Tasse frische Rosenblüten (zubereitet wie beim Roseneis)
✓ 2 Tassen Honig

Bitte visualisieren, während Sie die Rosen vorbereiten. Den Honig in einen Kochtopf aus Glas füllen. Bei mittlerer Hitze zum Kochen bringen und bei geringer Hitze weiterköcheln, die Blätter hinzufügen und etwa neun Minuten garen lassen; von der Herdplatte nehmen, mit einem Tuch bedecken und vierundzwanzig Stunden stehen lassen.

Erneut bei mittlerer Hitze zum Kochen bringen, durch einen Kaffeefilter in ein Glas mit Schraubdeckel füllen. Gut verschließen. Drei Tage stehen lassen.

Sie haben ja bereits dieses Rezept im Kapitel *Rosenliebe* kennengelernt, allerdings unter »anderen Vorzeichen«. Wenn Sie Lust haben, können Sie ja mal den Rosenhonig auf beide Arten zubereiten. Das Rezept ist dasselbe, nur die Herstellungsweise und die damit verbundene Intention eine andere. Probieren Sie es doch einfach einmal aus. Viel Spaß dabei!

Rosen eignen sich auch hervorragend zum Meditieren, gilt die Rose doch als lichtvollste der Blumen, als Lichtträgerin, wie das wunderschöne Zitat von *Bettina von Arnim* unübertrefflich zum Ausdruck bringt.

Meditation mit einer Rose
– Heilung für eine verlorene Liebe!

(Als musikalische Unterstützung empfehle ich *Gospody* vom Windpferd Verlag)

Besorge dir eine Rose und zieh dich eine Weile in die Stille zurück, wo du ganz alleine sein kannst mit dir, deinen Gedanken, deinen Empfindungen und einer Rose.

Schließe die Augen und beginne den Duft dieser Rose in dich hineinzuziehen. Atme tief ein und aus. Ein und aus. Nun steck' die Nase ganz tief in die weit geöffnete Blüte. Spürst du ihren Duft? Spürst du die samtweichen Blätter, ihre Ränder? Sie kitzeln an deiner Nase. Und du fühlst dich wohl, wohlig und entspannt. Alles, was dich noch vor kurzem geärgert oder belastet hat, ist verschwunden. Es gibt nur noch dich und die Rose. Immer noch atmest du tief ein und aus. Und dabei umhüllt dich ein betörender Duft. Mit der Zeit verlieren sich Raum und Zeit. Du hast alles um dich herum vergessen. Es gibt nur noch dich und die Rose.

Und jetzt lege die Rose auf dein Herz und spüre, wie ihre sanfte, zärtliche, friedliche Schwingung dein Herz berührt, dich befreit von allem Kummer, allem Schmerz, den dir je ein Mensch angetan hat. Laß allen alten Schmerz - eine verlorene Liebe, verlorene Träume, laß alles los und gib es an die Rose. Laß ihn los, den Schmerz, und spüre, wie er sich allmählich auflöst – wie Nebel in der Morgensonne.

Und allmählich spürst du, wie es in deinem Herzen ruhig und friedlich wird. Deine Trauer ist verschwunden, nur noch Frieden zieht durch dein Herz, Friede und ein Funke Hoffnung, Hoffnung, daß es noch einmal Liebe, Wärme und Zärtlichkeit für dich geben wird – oder vielleicht schon gibt.

Immer noch hältst du die Rose auf dein Herz, aber es hat sich weit geöffnet, wie die Blüte dieser Rose. Und du spürst sein Schlagen, aber jetzt tut es nicht mehr weh.

Ich lasse dich jetzt eine Weile allein zu einem Zwiegespräch mit der Rose. Und du kannst ihr alles sagen, was du vielleicht noch niemandem gesagt hast. Sie wird es verstehen.

Und jetzt verabschiede dich langsam von der Rose, danke ihr für diese Minuten der Stille und des Friedens. Danke ihr, daß sie deinen Kummer und deinen Schmerz mit sich genommen hat. Dein Herz ist nun wieder leicht und frei und voller Hoffnung.

Und wenn du aus dieser Meditation wieder in den Alltag zurückgekommen bist, stell' die Rose in die Vase und erfreue dich an ihr, solange sie blüht.

Stella Maris

Rosenmeditation

Beginne auch diese Meditation mit einem Gang in ein Blumengeschäft oder natürlich viel besser in die freie Natur, um eine Rose zu erwählen.

Laß dich leiten von deiner Intuition, schau dir solange Blüten an, bis du sicher weißt, welche mit dir kommen möchte. Lade auch ganz bewußt die Blumenfee ein ...

Dann trage die Blume nach Hause, stelle sie in eine schöne Vase an den Platz, von wo du gleich auf eine Phantasiereise gehen wirst.

Wie immer schaffe dir deinen Rahmen, der dich in die Entspannung führt.

Laß deinen Körper innerlich zur Ruhe kommen, doch dein Geist bleibt trotzdem wach und geht nun auf eine Reise.

Laß dich tragen zu einem wunderschönen Rosengarten, hier blüht die Rose in allen Farben und Formen, von der stolzen roten Rose bis zum gelben Sonnenröschen.

Suche dir eine der Blüten aus. Welche zieht dich am stärksten an???

Laß dir Zeit, laufe herum, rieche an den Blüten, berühre sie, nimm ihre unterschiedlichen Schwingungen wahr und dann entscheide dich für eine, die noch geschlossene Knospen hat.

Lenke deine ganze Aufmerksamkeit nun auf diese Pflanze. Die Wurzeln dieser Pflanze sind fest mit der Erde verankert. Aus einem kleinen Samenkorn ist diese wunderschöne Blume entstanden. Schau dir den Stengel an, die Dornen, die grünen Blätter, die ihn umwinden, bis zur Knospe nach oben.

Nun konzentriere dich auf die noch geschlossene Knospe und schau ganz genau. Kannst du sehen, wie sie sich ganz langsam zu öffnen beginnt?

Was symbolisiert die Rose für dich?

Ganz sanft, nur für dich, öffnet sie sich Blatt für Blatt .... fühle in dich hinein, auch in dir beginnt sich nun sanft etwas zu öffnen, in der Tiefe deines Seins. So wie die Blüte nun sich dem Licht öffnet, erblüht, so öffne auch du dich dem Licht, um noch mehr zu erblühen, zu erstrahlen. Stimme dich noch mehr ein auf die Blume, fast ist sie schon vollständig entfaltet, eine perfekte Blüte ist geboren, streckt sich der Sonne entgegen.

Ihr Duft wird stärker, betörender und regt dich an, noch weiter zu werden, bereit zum Tanz des Lebens ..... beuge dich über die Blüte, atme tief diesen Rosenduft ein, spüre, wie dein Herz sich auch wie eine Blüte weit öffnet.

Blicke nun ins Innere dieser Rose, versinke darin und bitte, daß in dem Blütenkelch ein Symbol für dich erscheinen möge, ein Symbol, das dir zeigt, was in deinem Leben zur Entfaltung kommen möchte, um mehr Liebe und Schönheit zu erfahren.

Laß geschehen, ohne Erwartung, absichtslos, und laß entstehen, vielleicht ist es auch ein Gedanke, eine Vision, die dir nun geschenkt wird. Nun ist es auch an der Zeit, die Blumenfee dieser Rose zu begrüßen. Sie tanzt um dich herum, freut sich, daß du bereit bist, dich zu öffnen. Kannst du sie wahrnehmen? Vielleicht sogar ihre sanfte süße Stimme vernehmen, die dir etwas ins Ohr flüstert??

Höre! Fühle! Sieh, was ist die Botschaft für dich?

Was kannst du tun, um dich noch mehr der Liebe und der Schönheit des Lebens zu öffnen? Bitte um Inspiration. Wenn du nicht sofort etwas wahrnehmen kannst, vertraue darauf, daß du Anworten bekommen wirst in der nächsten Zeit, sei es durch Menschen, die dir begegnen, Gedanken und Gefühle, die dir kommen, oder einfach durch das Spiel des Lebens. Verweile, nimm dir Zeit ...

Nun ist es langsam an der Zeit, zurückzukehren. Verabschiede dich von der Blüte und ihrer Fee, wandele noch einmal durch den Rosengarten, bewundere die Pracht und die Schönheit. Jederzeit kannst du hierher wiederkommen, du bist jederzeit willkommen im Garten der Rosen.

Kehre zurück in deinen Körper und laß dir Zeit, wieder in deinen Alltag zurückzukehren.

(Sylvia Leela Isani & Christine Janson)

Dornröschen
oder
Die Reise zur Inneren Frau

(Eine Phantasiereise nicht nur für Männer, sondern auch für Frauen, die ihre eigene verborgene Weiblichkeit entdecken wollen)

Entspanne deinen Körper in der dir bekannten Weise und laß im Ausatmen alle Alltagsgedanken los.

Stell dir nun vor, du bist ein Prinz, der als Abenteurer durch die Welt reitet.

Du spürst deinen kraftvollen Körper, fest auf deinem Pferd sitzend, und reitest auf ein Schloß zu, das du in der Ferne auf einem Hügel siehst.

Du hast dein Schwert umgegürtet, und in deinem Gepäck sind die Waffen, die du brauchst, um deine Reise zu bestehen.

Fühle dein Herz und spüre die Qualitäten, die dein Herz hat.

Du hast schon viele Abenteuer und Erfahrungen hinter dir und viel gelernt auf deinem langen Weg, Viele Kämpfe hast du bestanden, vielen Menschen bist du begegnet, viele Länder hast du gesehen.

Nur eines hast du noch nicht gefunden - die wahre Liebe.

Bisher bist du alleine geritten und warst mit vielen Aufgaben und Taten beschäftigt und bist daran gewachsen. Aber nun spürst du die Sehnsucht nach einer Gefährtin, mit der du dein Leben teilen möchtest.

Du reitest langsam und träumend von der idealen Frau weiter Richtung Schloß.

Und plötzlich siehst du, daß es ganz von einem tiefen und breiten Wassergraben und dahinter von einer hohen, dichten Dornenhecke umgeben ist.

Du wirst innerlich ganz wach und aufmerksam und erinnerst dich an die Geschichte von der Prinzessin, die durch den Fluch einer Hexe schon seit vielen Jahren schlafend in ihrem Schloß liegt und auf Erlösung wartet.

Dies muß das versunkene Schloß sein, von dem du gehört hast. Du weißt, daß es schon viele vergeblich versucht haben, zu ihr vorzudringen. Aber deine Sehnsucht und dein Mut sind stark genug, um es zu tun.

Du näherst dich dem Schloß, schaust dich um und merkst, daß die Brücke über dem Graben zerstört ist. Du hast jetzt genug Zeit, eine Möglichkeit zu finden, um den Graben dennoch zu überwinden.

Du hast den Graben überwunden, Nun stehst du vor der hohen Dornenhecke. Dein Pferd mußt du spätestens hier zurücklassen.

Laß dir auch hier etwas einfallen, wie du das Hindernis überwindest.

Falls du noch keine Lösung gefunden hast, laß dich davon überraschen, daß die Dornenwand sich von alleine für dich öffnet, da die Zeit erfüllt ist.

Gehe weiter und betrete durch das offene Tor den Schloßhof. Alles ist totenstill und liegt in tiefem Schlaf. Auch die Obstbäume sind, wie im Frühjahr, vor der Knospe.

Du erkundest die Umgebung und findest den Eingang zu einem Turm, und du weißt intuitiv, daß du sie in diesem Turm finden wirst. Du betrittst den Turm und spürst, wie du die Treppe emporsteigst bis zu einer Tür in der Spitze des Turmes. Die Tür ist verschlossen.

Finde einen Weg für dich, sie zu öffnen, um dem Ziel deiner Wünsche und Sehnsüchte näherzukommen.

Aber noch kannst du umkehren und deinen Weg gehen, ohne bemerkt zu sein. Entscheide dich.

Du hast nun die Tür geöffnet und betrittst das Turmzimmer.

Vor dir steht ein großes Bett und darauf liegt eine schöne, anmutige, junge Frau in tiefem Schlaf. Schau sie dir genau an.

Spüre ihre Ausstrahlung und werde dir bewußt, wie sie auf dich wirkt. (Was empfindest du bei ihrem Anblick?)

Bevor du dich ihr jedoch nähern kannst, öffnet sich eine Seitentür des Turmzimmers und hervor tritt eine häßliche, alte Frau mit kalten Augen.

Du weißt, dies ist die Hexe, die den Bann auf die Prinzessin gelegt hat und sie hier oben gefangen hält. Die Hexe ist langsam und träge und sucht ihren Zauberstab.

Du hast daher genug Zeit, einen Weg zu finden, sie zu überwinden, bevor sie dich, mit Hilfe ihrer Zauberkraft, vertreiben kann.

Was fällt dir ein? Wie reagiert die Hexe darauf?

Falls es dir gelungen ist, die Hexe auszuschalten, ist es nun an der Zelt, dich der schlafenden Schönheit zu nähern. Falls nicht, beende die Reise hier und versuche ein anderes Mal mit mehr Kraft, Mut und Licht dein Glück.

Schau dir noch einmal, aus der Nähe, die Prinzessin an. Was ist das Besondere an ihr?

Was spürst du?

Was sagt dir deine Intuition, was du tun solltest, um sie aufzuwecken? Folge deinem Impuls und probiere aus, ob du Erfolg hast. Wacht sie auf?

Wenn nein, dann versuche eine andere Möglichkeit.
Finde heraus, was sie braucht, um zu erwachen.
Falls deine Prinzessin nun die Augen- geöffnet hat, laß dich überraschen, was sie tut, wie sie auf dich reagiert und was sie dir zu sagen hat. Und was hast du ihr zu sagen?

Laßt euch ein wenig Zeit füreinander zum Kennenlernen, bevor ihr zusammen hinuntergeht in den Schloßhof und die aufblühenden Obstbäume bewundert.
Genießt zusammen eure Liebe und den Frühling.
Spür dich nun ganz intensiv als der Prinz und werde dir bewußt, daß er ein Teil deiner männlichen Seite ist.

Löse dich nun von der Identität mit dem Prinzen und gehe mit deinem Bewußtsein in die Prinzessin,
Und sei dir bewußt, daß sie ein Aspekt deiner weiblichen Seite ist. Spüre ihren Körper, ihre Energie, ihre Qualitäten. Und wenn du willst, sage ja dazu.
Nun löse dich von ihr und schau dir das Paar von außen an. Fühle die Liebe zwischen den beiden und nimm sie in dich auf:
- den Prinzen in deine rechte Seite
- die Prinzessin in deine linke Seite
- und die Liebe in deine Brustmitte. Spüre sie in dir.

Schau dir noch einmal die Hexe an. In welchem Zustand ist sie jetzt?
Werde dir bewußt, daß auch sie ein Aspekt deiner weiblichen Seite ist - ein Schattenanteil, der erlöst werden will.

Was braucht sie, damit sie sich umwandeln kann, in eine hilfreiche Fee?

Spüre deine Liebe in der Brustmitte und gib ihr genau das, was sie für ihre Erlösung braucht. Und schau zu, wie sie sich dabei verändert.

Und dann nimm auch sie in dich auf und gib ihr einen Platz auf deiner linken Seite und spüre ihre Kraft in dir.

Komm nun langsam zurück in die Gegenwart und das Alltagsgeschehen.

(Lehrtext Past-Live Technik)

Der Ruf der Rose

Ich freue mich, daß du wieder hier bist, komm, setz dich zu mir. Es ist doch viel schöner, diesen warmen Abend zusammen zu genießen. Ich weiß, du bist immer noch unsicher, ob es wirklich meine Stimme ist, die du in dir hörst. Jetzt siehst du ja meine Farben, du nimmst meinen Duft wahr, du spürst mich. All das macht es dir leichter zu fühlen, was ich dir sage. Du kannst sicher sein, ich höre dich immer. Auch wenn du nichts sagst, höre ich dich.

Um mit mir zu reden, brauchst du gar nicht zu denken, im Gegenteil, je mehr du denkst, um so schwieriger wird es. Deine Gedanken führen dich weit weg von mir. Du machst dir Sorgen über das, was gestern war und was morgen kommen wird. Das hat mit uns gar nichts zu tun. Sieh doch mal, die Wärme der Sonne, die Farben, der Duft, der leise Wind, all das kannst du mit Gedanken nicht erfassen. Du spürst es, und dann bist du in meiner Welt.

Daß du jetzt meine Blüten bewunderst, macht mich glücklich und noch schöner. Schade, daß du dich nicht sehen kannst, du blühst ja selbst gerade auf, weil du dich an mir erfreust und dadurch auch viel glücklicher wirst.

Weißt du noch, wie es war, als du bei mir saßest und mich das erste Mal gehört hast? Du warst so durcheinander, daß du schnell weggegangen bist. Als du mich bei dir zu Hause immer noch gehört hast, hast du sogar Angst bekommen, Angst vor der Stimme einer Rose. Da wußtest du noch nicht, daß du mich immer und überall hören kannst. Die Entfernung spielt gar keine Rolle, du brauchst mich nicht unbedingt zu sehen, um mit mir zu sprechen.

Übrigens, auch wenn du dich nicht erinnerst, als Kind hast du mit uns allen viel geredet. Damals war es noch selbstverständlich für dich, draußen im Gras zu sitzen, und es war ganz gleich, ob ein Käfer vorbeikam oder ob du in eine Blüte hineingeschaut hast oder das grüne Moos anfaßtest, du warst immer einer von uns, und du hast alle und alles verstanden. Ich freue mich sehr, daß du jetzt wieder beginnst, mit uns zu sprechen. Wir haben den Kontakt zu dir nie verloren. Für mich bist du kein Fremder, den ich erst kennenlernen muß. Du meinst jetzt, daß du mich gar nicht richtig kennst. Das stimmt. Du kannst mich nicht allein über deinen Verstand erfassen, du mußt dich in mich hineinfühlen. Vertraue der Kraft deiner Vorstellung! Du bewunderst ja meine Blüte, warum stellst du dir nicht einfach vor, wie es ist, eine Rose zu sein oder nur die Blüte oder nur ein Blatt? Es geht doch ganz leicht. Ist es nicht ein schönes Gefühl, ein Blatt meiner Blüte zu sein? Rosenrot, ganz weich, viel weicher als Samt, und verlockend zu duften? Du willst der Duft meiner Blüten sein? Auch gut. Ich wußte, du würdest dir etwas ganz Besonderes aussuchen. Du wirst winzig klein, als Duft über den Blättern meiner Blüte machst du jetzt eine Reise im Lichtreich.

Hättest du je gedacht, daß du einmal auf einem Sonnenschein tanzt? Schau nach unten, zu mir, siehst du die vielen verschiedenen Farben, die aus dem Rot meiner Blütenblätter strahlen? Spring herunter ins Meer der Regenbögen! Hab Vertrauen, das Licht trägt dich. Ja, es federt, spring ruhig herum, wenn es dir Spaß macht. Hast du gemerkt, daß das Licht, auf dem du gerade gesprungen bist, gar nicht von mir kommt? Schau nach, woher der Strahl kommt. Genau, von dem alten Kirschbaum, der da drüben steht. Du hast Recht, er versprüht überallhin Licht in allen Farben, wie du siehst, nicht nur einfach Grün, sondern Grün in allen Schattierungen, hundertmal Blau und Lila und zartes Gelb und jedes Mal anders. Nie zuvor hast du gewußt, daß es so viele Farben gibt. Das Licht schickt der große alte Baum, es umfaßt uns beide und das Gras unter uns. Es geht weiter als die Hecke, zu dem kleinen Wald oben am Hügel, und noch viel, viel weiter. Das Licht hat einen Anfang, aber kein Ende. Blick um dich herum, guck auch nach unten und nach oben, überall hin, du liegst auf einem kleinen Regenbogen in einem Meer aus Licht. Seine Strahlen kannst du ebensowenig zählen wie die Sterne am Himmel der Nacht. Nein, du täuschst dich nicht, auch aus dir kommt Licht. Wir alle, die leben, haben dies gemeinsam, die kleinen Lebewesen der Erde um meine Wurzeln herum, alle Gräser und Kräuter, die Blumen und Bäume, genauso wie alle Tiere. Es ist das Licht des Lebens. Merkst du, daß alle Strahlen, die Strahlen vom Baum, von der Hecke, deine Strahlen und auch die Strahlen, die von weit herkommen, sich gegenseitig berühren und kurz miteinander verschmelzen, bevor sie mich erreichen? Verweile nicht zu lange bei der Schönheit der Lichter, was glaubst du, wozu sie da sind? Die Natur schafft nichts ohne einen tieferen Sinn. Ich verrate dir jetzt unser Geheimnis. Die Strahlen sind es, die uns ständig alles sagen, alles über die, die sie ausgeschickt haben. Auch über dich. Deshalb bist du für mich nicht fremd. Und wie du siehst, erreichen mich deine Strahlen immer, ob du mit mir redest oder nicht. Ob du hier bist oder anderswo.

Auch mein Licht erreicht dich und alle anderen Lebewesen, so wissen sie immer alles von mir. Du, der Mensch, aber nicht. Die Menschen gehen seit langer Zeit nicht den Lichtweg, sondern den Weg des

Verstandes. Seit unsere Wege sich trennten, können nur wenige von euch uns verstehen. Den Kontakt habt ihr zu uns abgebrochen, nicht wir zu euch. Wir im Regenbogenmeer sind allwissend und verstehen auch euch Menschen wie seit altersher.

Ich freue mich sehr, daß du heute zu uns gekommen bist. Immer, wenn einer von euch eine Blume oder einen Baum wirklich liebt, macht uns das so glücklich, daß wir größer und schöner werden und süßere Früchte tragen.

Du kannst jetzt noch nicht verstehen, daß das Zeitalter des Lichts auf euch wartet. Du ahnst nicht einmal, welche märchenhaften Möglichkeiten offen vor euch liegen, wenn ihr die Lichtsprache wieder versteht und ihr ein Teil von uns werdet. Aber du hast heute die Strahlen gesehen, wie sie sich berühren und hinter den Himmel reisen. Und du hast gespürt, was einer von euch schon vor langer Zeit erkannt hat: Berühre eine Blume, und die Sterne erzittern.

(Dagny Kerner & Imre Kerner)

Ehret die Frauen!
Sie flechten und weben
Himmlische Rosen ins irdische Leben.

Friedrich von Schiller

Rosenzauber

Nun, daß natürlich auch Rosen in der Magie eine große Rolle spielen – wen wundert's? Ist die Rose doch an sich schon Magie pur ...

In der Alchimie sind rote und weiße Rosen das Symbol des Dualsystems Rot/Weiß, der beiden Urprinzipien Sulfur und Mercurius. Die meist siebenblättrige Rose spielt eine Rolle als Sinnbild komplexer Zusammenhänge, zum Beispiel der sieben Planeten mit ihren entsprechenden Metallen.

Das klingt für Sie alles zu kompliziert? Verstehe ich.
Die nächsten Ideen und Vorschläge sind daher ganz einfach, aber dafür um so wirkungsvoller ...

Rose – du Mystische

✓ Weiblicher Weihrauch*)	3 Teile
✓ Myrrhe	2 Teile
✓ Styrax	1 Teil
✓ Labdanum	2 Teile
✓ Rosenblätter	1/2 Teil
✓ Sandarak	1/2 Teil

Alle Zutaten mit einem Stück Rosenquarz zerkleinern, nicht mit einem Gegenstand aus Metall, da sich Metall und Liebeszutaten nicht gut vertragen. Die Mischung in einer dunkelroten Schale mehrere Stunden stehen lassen und erst dann verwenden.

---

*) Nehmen sie am besten den »weiblichen Weihrauch, er hat eine gelblich-weiße Färbung und ist kleinkörnig. Männlich bzw. weiblich bezieht sich auf die Qualität des Weihrauchs

Sie können außerdem auch noch drei Kupfermünzen in die Mischung legen und Rosenblätter in Gelb dazu, und zwar drei, sechs oder neun Stück.

Getrocknete, duftende Rosenknospen bekommen Sie im Fachhandel. Die Blütenblätter abzupfen, zwischen den Handflächen verreiben und alles miteinander vermischen. Diese Räuchermischung wirkt auf die feinstofflichen Energien unseres Herzens und ist eine wundervolle Hilfe bei der Meditation.

Mein Rosengarten

✓ Sandelholz	5 Teile
✓ Adlerholz	1 Teil
✓ Rosenblätter	1/2 Teil
✓ Moschuskörner	1/2 Teil
✓ Zimtrinde	1 Teil
✓ Safran	1/4 Teil
✓ Nelke	1/2 Teil
✓ Benzoe	1 Teil
✓ Koriander	3 Körner

Sandelholz im Mörser zu Pulver zerstampfen oder direkt als Pulver verwenden. Adlerholz, Moschuskörner, Nelke, Zimtrinde und Benzoe zu Pulver zerstampfen. Rosenblätter gut getrocknet hinzufügen.

Bitte versuchen Sie, Siam-Benzoeharz zu bekommen, er ist feiner, duftet besser, ist allerdings teurer als das Benzoeharz aus Sumatra. Siam-Benzoeharz kommt aus Hinterindien von einem Baum, der nur dort wächst.

Außerdem sollten sie das Sandelholz mit etwas Sandelessenz mischen (ca. 3 Tropfen, weil meist nur »ausgelaugte« Qualität angeboten wird).

Der Mischung entströmt ein warmer, sinnlicher Duft. Sinnlich und verführerisch umschmeichelt er Ihre Sinne, und Sie können entspannen, loslassen und er nimmt Sie mit in das Reich der Träume und der Phantasie.

Das magische Rosensalzbad

Hierzu die Badewanne mit warmem Wasser füllen, ungefähr 600 Gramm Meersalz und 60 frische (falls nicht erhältlich) getrocknete, lachsfarbene Rosenblätter hineingeben und warten, bis das Salz aufgelöst ist. Währenddessen werden drei, sechs oder neun lachsfarbene Kerzen im Badezimmer entzündet. Einen großen Lappen und einen halben Liter Wasser bereithalten und 1/4 Liter Apfelessig beimischen.

Ungefähr 30 Minuten in diesem Wasser aufhalten und nach dieser Zeit den Körper mit dem Waschlappen getränkten Apfelessig-Wasser-Gemisch den Körper großzügig abwaschen. Das wird alle negativen Schwingungen beseitigen und dem Körper frische Energie zurückgeben.

Wie die Rose die Liebe hält!

Eine jede Rose ist dazu geschaffen, die Liebe zweier Menschen zu erhalten und zu vertiefen, niemals aber dazu, sie einzuengen oder gar zu knechten!

Aus diesem Grunde darf man den Zauber der Rose nur dann benennen, wenn man demjenigen, dem er gelten soll, und damit auch sich selbst, keinen Schaden bringt! Ein Zauber, der die Liebe zwingen soll, wird sie in das Gegenteil verkehren und kein glückliches Ende verheißen. Wenn Sie also glauben, Ihre beider Liebe sei es wert, sie noch zu vertiefen, so sollten Sie folgendes tun:

Nehmen Sie ein weißes Blatt Papier, zwei Blütenblätter einer roten Rose, fünf weiße Kerzen und einen roten Stift zum Schreiben. Bereiten

Sie in Ihrer Wohnung, am Tage des Neumondes, eine Stelle vor, wo Sie das, was Sie später tun werden, aufbewahren können, solange Sie beisammen sind. In der Nacht des Neumondes setzen Sie sich zur Zeit des Tageswechsels gegenüber an den Tisch, auf dem Sie alle Utensilien bereitliegen haben, die Sie benötigen.

Zwischen sich auf den Tisch legen Sie das Papier, dann entzünden Sie die Kerzen gemeinsam, in dem intensiven Gedanken daran, was Sie sich wünschen. Stellen Sie jeweils zwei Kerzen auf die linke und die rechte Seite des Blattes, in etwa so, daß sie sich symbolisch auf alle vier Ecken des Blattes verteilen. Die fünfte Kerze stellen Sie außerhalb einer der Seiten und entzünden sie ebenfalls. Jetzt schreibt einer von Ihnen folgende Worte in die Mitte des Blattes, die Sie beide dann auch zusammen sprechen:

»So wie die rote Rose blüht, hab ich dich lieb,
so wie die Rose uns erscheint, sind wir geeint,
so wie die Blätter hier vereint, sind wir uns treu!«

Danach sollten Sie zwei ineinandergreifende Kreise um die Worte ziehen. Wenn das getan ist, ergreifen Sie jeder von Ihnen Ihr Blütenblatt und legen es unter die geschriebenen Worte. Legen Sie die beiden Blütenblätter so, daß sie einander berühren und denken Sie daran, daß Sie diese beiden Blätter sind ...

Dann ergreifen Sie zu zweit, ein jeder mit der linken Hand, die fünfte Kerze und tropfen ein wenig von deren Wachs auf die Blütenblätter, so daß anschließend keine Stelle mehr von Luft berührt werden kann. Während Sie das tun, sprechen Sie noch einmal die geschriebenen Worte laut aus und stellen dann die Kerze zurück an ihren Platz. Dann falten Sie das Papier mit dem oberen und unteren Ende zur Mitte, geben auf die sich berührenden Enden etwas Wachs aus der fünften Kerze, damit sie nicht mehr aufklappen können. Ist dies getan, dann falten Sie die rechte und die linke Außenseite zur Mitte, so daß sie sich berühren. Darauf geben Sie so viel Wachs, daß ein ungewolltes Öffnen nicht mehr möglich ist. Dann löschen Sie die Kerzen, indem Sie sich für ihre Liebe bedanken und verwahren anschließend das Papier mit dessen Inhalt dort, wo Sie glauben, einen würdigen Platz gefunden zu haben.

Was Sie für ein magisches Liebesritual außerdem benötigen:

Eine Kette Ihrer Wahl - das kann je nach Geschmack eine Gold- oder Silberkette sein, an der Sie den oder die Steine nach Vollzug des Rituals tragen werden, aber es kann sich hierbei natürlich auch um ein Lederband oder um eine rote Kordel in passender Länge handeln.

Wie gesagt, das bleibt ganz Ihrem persönlichen Geschmack überlassen, für welche Art von Kette oder Halsband Sie sich entscheiden wollen.

Außerdem benötigen Sie noch:

9 rosafarbene Kerzen – Rosa steht für: Zuneigung, Zärtlichkeit, Liebe, Romantik

6 rote Kerzen – Rot steht für: Stimulation, Leidenschaft, Sexualität, Unternehmungslust, Energie und Lebensfreude

1 Stück Kupferdraht – Ungefähr 10 cm lang – Kupfer ist das Metall, das dem Planeten Venus (Planet der Liebe) entspricht.
Natürlich können Sie auch die Öse für den Stein aus diesem Metall fertigen, wenn Sie wollen, oder Ihre Gegenstände, die Sie für den Talisman verwenden, kunstvoll mit Kupferdraht umwickeln, denn dieses Metall, so heißt es nach alter Überlieferung, verstärke die positiven Einflüsse vom Talisman!

1 kleine Glasschale, noch besser wäre ein Gefäß aus Bleikristall!

6 Salbeiblätter – Sie können zwischen frischen und getrockneten Blättern wählen.

Ätherische Öle:
Rosa Damascena-centofolia – 10 Tropfen
Rosa Damascena – 10 Tropfen
Rosenblätter – eine Handvoll möglichst frischer Blätter, andernfalls getrocknete!
Eisenkraut (Verbena officinalis) – 10 Gramm

So wird das Amulett der Liebe hergestellt:

Da dieses Amulett in erster Linie im seelischen Bereich des Trägers wirken wird, ist es sinnvoll, wenn Sie bei der Herstellung die unterstützende Kraft des Mondes mit in Ihre Arbeit einbeziehen!

Der Mond versinnbildlicht unsere Gefühlswelt, unsere Intuition und unsere geheimsten Wünsche und Leidenschaften.

Beginnen Sie also mit der »Vorarbeit« für Ihr Amulett bei Vollmond, vorzugsweise dann, wenn der Mond in Krebs, Fische oder Skorpion steht!

Warten Sie die Dunkelheit ab. Sorgen Sie dafür, daß Sie ungestört »arbeiten« können, und schaffen Sie sich zudem noch eine angenehme und entspannte Atmosphäre.

Lassen Sie leise, sanfte Musik im Hintergrund spielen und machen Sie einige Entspannungsübungen, damit Sie gelöst und gut gelaunt ans Werk gehen können:

Wenn Sie alle Vorkehrungen getroffen haben:

Geben Sie das ätherische Öl – je 10 Tropfen – in eine Duftlampe und entzünden Sie die rosafarbenen und roten Kerzen.

Gießen Sie Wasser in die kleine Glasschale, werfen Sie die Rosen- und Salbeiblätter und das getrocknete Eisenkraut dazu und anschließend das Stück Kupferdraht und die Steine, die Sie sich hierfür ausgesucht haben.

Danach schreiben Sie mit einem Rotstift Ihren ganz persönlichen »Wunschzettel« auf ein weißes Blatt Papier!

Schreiben Sie auf diesen Zettel all das, was Sie sich künftig für Ihre Partnerschaft wünschen, und vermeiden Sie tunlichst negative Formulierungen.

Falten Sie das Blatt zusammen – so klein wie möglich, und versiegeln Sie die Kanten mit dem Wachs der roten Kerze. Halten Sie das Papier so lange mit den Fingern zusammen, bis das Wachs getrocknet ist.

Dann stellen Sie die kleine Schale in eine Ecke Ihres Schlafzimmers, und zwar, falls möglich, in jene Ecke des Zimmers, die sich rechts gegenüber der Türe befindet. Das ist für das Liebesritual sehr wichtig! Zuvor nehmen Sie den Kupferdraht aus dem Wasser, trocknen ihn ab und legen ihn dann rechts neben die Glasschale.

Ihre »Wunschliste« legen Sie unter die Glasschale, ebenso auch die Kette, das Lederband oder die Kordel, an der Sie zu gegebener Zeit Ihren Anhänger (Steine) befestigen. Doch zuvor wird diese Kette mit drei »Wunschknoten« versehen, wie das geht, entnehmen Sie der Zeichnung!

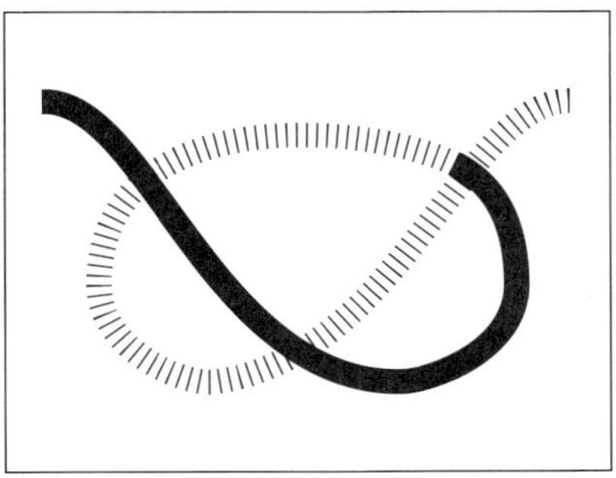

Hexenknoten

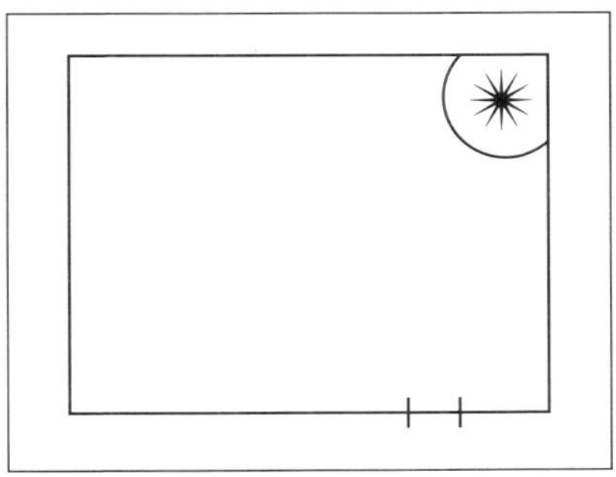

Schlafzimmer-Ecke

Das alles bleibt in dieser Zimmerecke stehen bis zum nächsten Neumond – das ist zwei Wochen später. Am Neumondtag – ebenfalls nach Einbruch der Dunkelheit – nehmen Sie Ihren Stein/Ihre Steine aus der Schüssel, formen aus dem Kupferdraht ein Herz, legen dieses Herz – dessen Enden miteinander verbunden sein sollten - an einen geheimen Ort Ihrer Wahl und schütten das Wasser ins Freie.

Am besten wäre es, wenn Sie es an einen Baum schütten - keinesfalls aber ins WC!

Magie ist auch symbolisch zu sehen, und ich denke, ich muß nicht erst lange erklären, was das bedeuten könnte ...

Ein kleiner Rosen-Liebeszauber

Wenn Sie die Treue in Ihrer Partnerschaft bewahren wollen, sowohl bei sich selbst als auch bei Ihrem Partner, so empfiehlt sich folgendes:

Man beginnt bei zunehmendem Mond im Skorpion mit dem Ritual!

Benötigt wird ein kleiner, roter Spinell – eventuell ein abgerundeter Trommelstein, 3 rote Kerzen, eine Goldkette und eine Schale mit roten Rosenblütenblättern, falls möglich sollte man hierfür frische Rosenblüten verwenden.

Schmelzen Sie die Kerzen nach Einbruch der Dunkelheit in einem Gefäß aus Metall, entfernen Sie die Dochte und formen Sie aus dem Wachs, sobald die Masse formbar ist, ein Herz!

In die Mitte des Herzes drücken Sie den roten Spinell!

Legen Sie das Herz in die Schale mit den Rosenblättern und drapieren Sie die geschlossene Goldkette kreisförmig um das Herz. Diese Schale stellen Sie ins Schlafzimmer, aber bitte so, daß niemand außer Ihnen diese Schale sehen kann.

Nun nehmen Sie jeden Tag ein Rosenblatt aus der Schale und legen es abwechselnd unter Ihr Bett und das Ihres Partners.

Bei Vollmond ist dieses Ritual beendet. Nehmen Sie das Herz samt Stein und Kette aus der Schale!

Sammeln Sie alle Rosenblüten unter Ihrem Bett zusammen, geben Sie diese zurück in die Schale mit den restlichen Rosenblüten, schmelzen Sie das Wachsherz, gießen Sie anschließend das Wachs über die Blätter. Wenn das Wachs erkaltet ist, nehmen Sie die Schale mit hinaus ins Freie und werfen die Teile in alle Himmelsrichtungen. Das tut man am besten nach Einbruch der Dunkelheit.

Das magische Rosenritual für müde Zeitgenossen

Die Vorbereitung hierfür erfordert etwas an Zeit und Geduld!

Man benötigt hierfür:

- ✓ 1 gute Flasche Rotwein
- ✓ 3 Gewürznelken
- ✓ 3 kleine Stangen Zimt
- ✓ 1 winziges Stückchen Ingwer
- ✓ 1 Teelöffel dunkler Waldhonig
- ✓ 3 dunkelrote Rosenköpfe, die man selbst getrocknet hat, und
- ✓ 1 kleiner Rubin, entweder als Rohstein oder geschliffen, es kann aber auch ein Ring sein, doch darf dieser außer Rubin/en keine anderen Steine gefaßt haben.

Am Tag des Neumondes wird der Wein angesetzt!

Dazu gibt man alle Zutaten nach und nach in eine Flasche – auch den Rubin oder Ring – und gießt zum Schluß den möglichst herben Rotwein darüber. Die Flasche gut verschließen und sechs Tage ziehen lassen. Die Flasche stellt man auf ein Foto, das Sie und Ihren Partner in einer harmonischen Situation zeigt. Das Foto hat man vorher mit rotem Wachs »bearbeitet«, indem man rotes Kerzenwachs in Herzform und das eigene Gesicht auf das des Partners tropfen läßt.

Ab dem sechsten Tag soll man täglich mit dem Partner zusammen ein kleines Gläßchen davon trinken.

Ab Vollmond legt man den Rubin unter das Bett jenes Partners, dessen körperliches Verlangen gesteigert werden soll, und läßt den Stein bis zum nächsten Vollmond ruhen. Das Ritual kann bei Bedarf gerne wiederholt werden ...

Liebesbad »Amor«

Hierfür benötigt man:

✓ 1 Liter kaltes Wasser
✓ 3 TL getrocknetes Schöllkraut
✓ 3 Handvoll Blätter wilder Rosen
✓ 1 Handvoll Blätter roter Rosen

Das Pflanzenkraut und die Rosenblätter in das Wasser legen und 24 Stunden darin weichen lassen. Danach diese »Zutaten« absieben und ins warme Badewasser schütten.

Man kann von diesem herrlich anregenden Rosenwasser natürlich auch ein wenig in ein kleines Fläschchen füllen und es zum gegenseitigen Abtupfen des unteren Rückenbereiches (mit einem Wattebausch) verwenden. Diese herrliche Blütenmischung wirkt sehr erotisierend.

Venus Liebeszauber

Ein Wein mit stark aphrodisierender Wirkung.

Bereiten Sie diesen Liebestrunk am Tag der Venus zu, an einem Freitag, möglichst nach Einbruch der Dunkelheit!

Für dieses wunderbare Getränk, das man am besten bei zunehmenden Mond genießen sollte, benötigt man folgende Zutaten:

- ✓ 1 Flasche echten Tokajer süß
- ✓ 1 Vanilleschote, die man der Länge nach aufschneidet
- ✓ 1 kleine Zimtstange
- ✓ 2 Tropfen echtes bulgarisches Rosenöl
- ✓ 1 Tropfen Anisöl bester Qualität

Die Zutaten dem süßen Tokajer beigeben und diese Mischung möglichst in eine rote Flasche füllen (Liebesenergie!) und 3 Tage ziehen lassen! Kühl und dunkel aufbewahren und jeden Abend ein Glas mit dem Liebsten zusammen genießen. Dieser Wein läßt junge Liebe wachsen und »alte« Liebe neu erblühen.

Und noch mehr »Rosiges«:

Liebesfeuer

Bei Vollmond zubereiten und genießen!

- ✓ 750 g Schlehen nach dem ersten Frost sammeln
- ✓ 250 g braunen Kandiszucker
- ✓ 3 Zimtstangen
- ✓ 1 Flasche Doppelkorn (38 %)
- ✓ 9 – 15 getrocknete, ungeöffnete Wildrosenknospen

Schlehen verlesen, gründlich waschen, abtropfen lassen und zerdrücken und einige Kerne wegen des Aromas zerstoßen. Danach Früchte mit Kandis, Zimt und Rosenknospen in ein gutschließendes Gefäß geben, Korn darüber gießen und bei gemäßigter Zimmertemperatur ca. fünf Wochen ziehen lassen. Danach filtern und in hübsche Flaschen füllen, kühl und dunkel aufbewahren und mindestens 3 – 4 Monate »reifen« lassen. Prost!!

Feng-Shui »Liebessäckchen« für Partnerecke

Bei Neumond ein dekoratives Stoff- oder Leinensäckchen mit folgenden Zutaten füllen:

✓ 15 rote Rosenknospen (ungeöffnete!)
✓ 9 rosa Wildrosenknospen
✓ 3 lachsfarbene Rosenblätter
✓ 3 Rosenquarze (rund oder oval)
✓ 3 kleine Bergkristalle (rund oder oval)

Das gefüllte Säckchen im Partnerbereich aufbewahren und vielleicht noch ein schönes Foto mit den Liebenden dazugeben. Stärkt Liebe, Vertrauen und Treue.

Also – wenn Ihr Liebesleben jetzt nicht voll erblüht ist wie eine rote Rose – dann weiß ich es auch nicht ...

Oh, wer um alle Rosen wüßte,
die rings in stillen Gärten stehen.
Oh, wer um alle wüßte, müßte
wie im Rausch durch's Leben gehen.

Christian Morgenstern

Die Rose im Garten der Spiritualität

Natürlich darf in einem Rosenbuch ein Kapitel über den Garten nicht fehlen. Dennoch werden Sie hier keine Anleitungen finden, wie Sie Rosen am besten düngen oder schneiden. Fachbücher zur Haltung und Pflege der Rosen gibt es schließlich zur hauf. Es geht mir vielmehr darum, Ihnen den etwas »anderen« Aspekt der Rose im Garten nahezubringen.

Mehr als einhundert Rosenarten gibt es inzwischen auf der ganzen Welt, mit über dreißigtausend mehr oder weniger stark duftenden Sorten in unzähligen Farben.

Rosen werden in zwei Gruppen unterteilt:
Alte Rosen – die haben ihren Ursprung vor 1800 in Europa, dazu gehört die rote Rose.

Neue Rosen - so heißen die Arten, die in Frankreich und England zu Beginn des 19. Jahrhundert gezüchtet wurden.

Château Malmaison, das außerhalb von Paris liegt und von Josephine Bonaparte, Napoleons Gemahlin, angelegt wurde, soll 1813 zu den schönsten Gärten seiner Art gehört haben und bietet auch heute noch Rosen in Hülle und Fülle.

George Washington war nicht nur Amerikas erster Präsident, sondern auch der erste, der Rosen züchtete und seinen eigenen Garten anlegte. Eine seiner ersten Züchtungen benannte er nach seiner Mutter »Mary«.

Texas, das amerikanische Bundesland, in dem alles größer und besser ist, nimmt in Anspruch, in Dallas den größten Rosengarten zu besitzen, in dem dreißigtausend Rosen inmitten von Brunnen, Teichen und Gartenlauben blühen.

Aber eigentlich brauchen wir gar nicht bis Amerika zu gehen – auch der erste Bundeskanzler der Bundesrepublik Deutschland nach dem Krieg, Konrad Adenauer, war als Rosenzüchter bekannt, und böse Zungen behaupten sogar, das damals etwas verschlafene Bonn sei nur deshalb Bundeshauptstadt geworden, weil Rhöndorf, der Wohnsitz des Kanzlers mit seinem Rosengarten, so nahe bei Bonn gelegen habe ...

Rosengärten gibt es auf der ganzen Welt. In Deutschland liegen die bekanntesten auf der Pfaueninsel in Berlin und in Dortmund. Im Rosarium am Schloßpark zu Glücksburg findet sich die größte Sammlung englischer Rosen, und die bedeutendste Sammlung Alter Rosen im Rosarium in Sangershausen (Europas größte Rosensammlung), das 1901 vom *Verein Deutscher Rosenfreunde* angelegt wurde. Und Kassel mit seinem Park Wilhelmshöhe ist ebenfalls berühmt wegen seiner Rosen, ebenso wie Baden-Baden, Eltville am Rhein und Zweibrücken. Ein weiteres Rosarium befindet sich in Chemnitz.

Die Bioland Rosenschule *Ruf* in Bad Nauheim bietet nicht nur alles für die Rose, sondern veranstaltet auch Seminare und Aktionen.

Adressen finden Sie hinten im Buch.

Und auch Spanien (Madrid) und Italien (Rom) bieten berühmte Rosengärten. So wurde in Rom ein Rosengarten auf den Ruinen von Neros Palast erbaut - mit über tausend Rosenarten.

Aber immer noch ist England das Land der Rosen- und Gartenkultur. Sein berühmtester Rosengarten liegt im Regent's Park.

In Erinnerung an seine tödlich verunglückte Gemahlin, Fürst Gracia Patricia, legte Fürst Rainier einen Rosengarten an. Und der Rosenball – mit einem Meer aus Rosen – in Monte Carlo in jedem Jahr gehört zu den wichtigsten gesellschaftlichen Ereignissen des europäischen Adels.

Nicht zu vergessen der zauberhafte Garten von Claude Monet in Giverny. Und Istanbul schmückt sich mit einem Garten in der Nähe des Topkapi-Serail-Museums, das fünfzigtausend weiße Rosen erblühen läßt.

Weiße Blüten finden sich aber auch an dem größten Rosenbusch der Welt, der angeblich in Tombstone, Arizona, Amerika, steht und über zweihundert weiße Blüten tragen soll – mit einem Stamm von einem Durchmesser von ca. 1,80 Meter und einem Baldachin aus seinen Zweigen, unter dem einhundertfünfzig Menschen Platz haben. Na ja, in Amerika, dem Land der unbegrenzten Möglichkeiten, ist eben immer alles größer und schöner ...

Inzwischen hat auch *Feng Shui* Einzug in unsere Gärten gehalten. Und Gartenarbeit nach den Mondphasen ist – endlich – ebenfalls wiederentdeckt worden.

Die beste Pflanzzeit für die Rose ist demnach in Phase 1/Phase 2, also der Zeit des zunehmenden Mondes, wenn der Mond im Zeichen des Krebses steht.

Phase 1: Neumond bis siebeneinhalb.

Phase 2: Siebeneinhalb bis fünfzehn (Tage im Mondmonat).

Hier einige Rosen, die sich besonders für Feng Shui eignen:

Die Balkonrose (*Rosa* »Sonnenkind«) ist ideal für die Familien- und Reichtumszone, aber auch für alle anderen Bereiche.

Diese Rose soll die Schwingungen ihres Umfeldes stärken und verfeinern und auf den Menschen inspirierend wirken.

Bitte setzen Sie diese Pflanze in ein geräumiges, unglasiertes Tongefäß, ohne andere Pflanzen, also allein.

Die Topfrose (*Rosa chinensis*) ist eine Zimmerpflanze, die ideal für alle Bagua-Zonen außer Ruhm, Zentrum und Karriere sein soll.

Diese Zwergrose, auch chinesische Rose genannt, soll bei Menschen und Pflanzen in ihrer Umgebung die Stimmung heben und auch auf geistiger Ebene Heilimpulse in ihr Umfeld senden.

Wichtig ist es, sie so zu stellen, daß sie vom Betrachter aus gut zu sehen ist. Besonders geeignet sind der Schreibtisch, das Bad oder das Kinderzimmer.

Aber auch Magie und Spiritualität haben inzwischen Einzug in den Garten gehalten.

Im folgenden ein Rosenritual, das das Wachstum der Rose fördert:

Was die Rose wachsen läßt

Um der Rose ein blühendes und wachstumsförderndes Jahr zu bescheren, ist es förderlich, direkt am Vollmondtag des Monats März ein kleines Ritual zu vollziehen, das der Rose Schönheit und dem Menschen die Freude an der Rose bringt. Für dieses Ritual sollte man den Glauben an das, was man möchte, in Ehren halten und dem zukünftigen Bild der Rose eine innere Gestalt verleihen!

Was aber braucht man, um der dem Menschen innewohnenden Idealvorstellung einer Rose gerecht zu werden?

Zunächst einmal einen Zweig vom Rosenstock, der drei »Augen« haben soll und in der Vollmondnacht des Monats März geschnitten wird. Sodann nimmt man den Zweig, legt ihn in ein kleines Behältnis, verschließt dieses gut, damit kein Licht an den Inhalt gelangt, und verwahrt es an einem kühlen und trockenen Ort. Der zweite Schritt, den Sie tun müssen, beginnt in der darauffolgenden Neumondnacht!

Zu welcher Zeit der Nacht Sie dies tun wollen, bleibt Ihnen überlassen ...

Was Sie außer dem Zweig noch benötigen, sind folgende Dinge:

Einen kleinen Bergkristall, einen kleinen Rosenquarz, die Sie beide vorher gereinigt haben, um fremde und negative Energie aus ihnen zu entfernen. Weiterhin brauchen Sie ein weißes Blatt Papier, ein Stück Holzkohle, mit dem Sie schreiben können, und zwei weiße Kerzen. Wenn Sie alles vor sich auf dem Tisch, an dem Sie arbeiten wollen, liegen haben, kann das Ritual beginnen!

Legen Sie das Blatt Papier vor sich auf den Tisch, links und rechts daneben jeweils eine der weißen Kerzen, die Sie dann anzünden. Nun öffnen Sie das Gefäß, in dem Sie bis dahin den Rosenzweig aufbewahrt haben, nehmen ihn mit der linken Hand heraus und behalten ihn darin. Nehmen Sie mit der anderen Hand die Schreibkohle und bringen folgende Worte zu Papier:

»Rose, Rose, liebe Große,
blühe wachse bis zuletzt,
bis die Tage kürzer werden
und die Kälte dich verletzt!«

Um diesen Spruch herum zeichnen Sie ein aufrecht stehendes Pentagramm. Dann legen Sie den Zweig, der bis dahin in Ihrer geschlossenen linken Hand verborgen war, auf die von Ihnen geschriebenen Worte. Nun falten Sie das Papier um den darauf liegenden Zweig, und wenn Sie es so getan haben, daß der Zweig nicht mehr herausfallen kann, nehmen Sie die linke der beiden Kerzen in die Hand und versiegeln mit ihrem Wachs das Papier an der offenen Stelle. Ist dies getan, nehmen Sie das versiegelte Papier und legen es zusammen mit den beiden Steinen zurück in das Behältnis!

Verschließen Sie es sorgfältig und löschen Sie die Kerzen, und bedanken Sie sich dabei bei der Rose für ihr gutes Wachstum. Stellen Sie das Behältnis in einen beliebigen Raum Ihrer Wohnung und lassen Sie es dort bis zur ersten frostigen Nacht des kommenden Winters. Liegt diese hinter Ihnen, öffnen Sie das Behältnis, nehmen den Zweig heraus, tragen ihn an den Rosenstrauch, von dem er stammt, und bedanken sich bei dem Strauch mit Worten und indem Sie den Ast symbolisch an ihn zurückgeben.

Stecken Sie ihn in die Erde neben den Strauch. Das Papier, in das er gewickelt war, können Sie vernichten und die beiden Steine fürs nächste Jahr aufs neue verwenden.

(Gechannelt von Andre Bonya)

Ich habe vor kurzem eine Fortbildung unter dem Titel »Naturnahe Gärten« besucht.

Ich liebe zwar Rosen unsterblich, wußte aber bisher nicht allzu viel von Pflanzung und Kultivierung, da ich bis jetzt keinen eigenen Garten hatte und somit keine Gelegenheit, mich mit der Rose über das Bewundern hinaus zu beschäftigen.

Nun, inzwischen weiß ich, wie wichtig es ist, seinen Garten naturnah zu gestalten. Das heißt: Nur die heimischen Pflanzen und Blumen im Garten zu verwenden und möglichst auf all die gezüchteten,

künstlichen Arten zu verzichten, um unserer heimischen Tierwelt ein Zuhause zu geben – damit sich dort Bienen, Hummeln, Schmetterlinge und sonstiges Kleingetier tummeln können.

Die Blüten der meisten künstlichen Pflanzen verströmen nicht den betörenden Duft, den unsere Tierwelt braucht, um angelockt zu werden. Das gilt natürlich auch für Rosen.

Ich werde meinen Garten, den ich nun endlich gefunden habe, mit naturnahen Pflanzen bepflanzen, muß Ihnen aber jetzt schon gestehen, liebe Leserin und lieber Leser, daß ich bei Rosen wohl

»schwach« werden und einige Sorten nur nach ihrer Schönheit aussuchen werde.

Geheimtips, wo Sie Alte und Neue Rosen bekommen, finden Sie ebenfalls hinten im Buch.

Patricia Monaghan beschäftigt sich in *Mein magischer Garten* mit dem spirituellen Gärtnern und der Verbindung zwischen Mensch, Pflanzen und Erde.

Im Folgenden erhalten Sie also eine Einweihung in die Geheimnisse eines Feengartens, in dem neben einigen anderen Pflanzen vorwiegend Rosen blühen. Und was könnte zu einer Rose mit ihrer Zartheit besser passen als eine Fee oder eine Elfe?

Daß jede Pflanze und Blume ihre eigene Fee bzw. Elfe hat, - haben Sie das gewußt? Die meisten Blumenfeen enthüllen sich in den Farben ihrer Blume.

Viele Heilenergien, Eigenschaften und symbolische Bedeutungen von Blumen sind das Ergebnis der Arbeit der Feen, und wenn Sie lernen, sich auf e i n e Blumenfee einzustimmen, wird die Begegnung mit den anderen leichter. Und natürlich hat auch die Rose ihre Naturgeister.

Die Rose ist eine der heiligsten Blumen im Pflanzenreich, und ihre Feen und Geisterwesen haben eine enge Verbindung zu ihren älteren Brüdern und Schwestern, den Engeln. Sich auf eine Rose einzustellen, kann Ihnen helfen, das Gefühl der Liebe zu entwickeln und sich auf die Hierarchie der Engel einzustimmen. Die Rosen-Feen können die Gaben der Telepathie und Wahrsagekunst lehren. Sie hüten die Geheimnisse der Zeit und bewahren sie vor Entdeckung. Mit Hilfe der Fee der weißen Rose lernen wir, spirituelle Reinheit zu entwickeln und unsere Göttlichkeit zu entfalten, während uns die Fee der roten Rose alle Aspekte der Liebe und Fruchtbarkeit schenkt. Die Fee der rosafarbenen Rose hingegen kann uns lehren, wie wir das Männliche und Weibliche für eine Neugeburt mischen können, und die Fee der gelben Rose hilft uns, die Wahrheit zu erkennen und zum Ausdruck zu bringen.

Wenn Sie also den Feen und Elfen der Rose huldigen möchten, legen Sie diesen Feengarten an.

Ein Feengarten

Wenn wir einen Garten schaffen wollen, der den Feen gewidmet ist, rufen wir große Kräfte herbei - Kräfte, mit denen man nicht sorglos umgehen sollte. Ein Feengarten lockt die Naturgeister an, Segen über unser Leben zu bringen - und bietet ihnen einen schönen Platz, auf dem sie spielen können und uns in Ruhe lassen!

Kübelpflanzen für Patio, Dachterrasse, Veranda oder Balkon

Nicht jeder verfügt über genügend Platz, um einen Rasen den Elfen zum Tanz oder eine Einhornwiese anzulegen. Aber jeder besitzt irgendwo eine schöne Ecke, die er den Feen weihen und mit Topfpflanzen, die nach ihnen benannt sind, schmücken kann. So ist dieser Feengarten für viele Orte geeignet. Und, um mit den Töpfen zu beginnen: Dieser Garten läßt sich sehr schnell verändern und den örtlichen Gegebenheiten anpassen. Zum Beispiel auf den Stufen der Eingangstreppe, auf einem schmalen Balkon, selbst unter den Lampen als ausgefallener Blickfang am Eingang. Natürlich können Sie diese Pflanzen auch in einer Ecke des Gartens in den Boden geben und nicht in den Kübel; diese winterharten Pflanzen eignen sich gut für die gemäßigten Breitengrade.

Die meisten der Pflanzen, die Namen von Feen tragen, sind, was nicht überrascht, Minis. So werden Sie einen kleinen aber feinen Garten haben. Die Pflanzen sind in hellem Pink und blassem Weiß und ihre zarten Blätter und Blüten ähneln sich. Weil die größte Pflanze nur etwa neunzig Zentimeter hoch wird, sollten Sie einige der hinteren Pflanzen etwas erhöht setzen; ein großer Terrakottakübel auf den Kopf gestellt bildet eine ausreichende Stufe.

Dieser Plan sieht an einer Seite des Patios eine niedrige Bank vor - nicht unbedingt als Sitzgelegenheit für Menschen gedacht, sondern als Platz für die Feen selbst, damit diese sich dort niederlassen können, wenn sie die Gaben verzehren, die Sie für sie hinausstellen (und wehe Ihnen, wenn Sie es vergessen!). Sie sitzen dort inmitten von lang blühenden, zart duftenden, winzigen Blumen und einer Vielfalt ähnlicher Farbtöne und Formen.

Weil Kübelgärten so flexibel sind, können Sie diesen Garten während des Sommers immer wieder verändern, um die Blüten bestmöglich zur Geltung zu bringen. Die meisten dieser Blumen sind auch ausgezeichnete Schnittblumen, weshalb Sie im Haus wunderbare Gebinde oder Gestecke dieser Mini-Pflanzen arrangieren können, die sich gut miteinander vertragen.

Weil sie winterhart sind, sollten Sie darauf achten, daß diese Pflanzen während ihrer Wachstumsphase genügend Nahrung erhalten, da die Erde in den Töpfen nicht ausreichend Nährstoffe bieten kann. Während des Winters sollten sie in einer unbeheizten Garage, einer Veranda oder im Keller aufbewahrt werden; lassen Sie sie nicht die ganze Zeit draußen stehen, denn Kübel bieten sehr viel weniger Schutz vor den Unbillen des Wetters als die Erde selbst. Einige Pflanzen blühen vielleicht sogar im Winter im Haus, aber die meisten brauchen eine Zeit der Ruhe und der Dunkelheit.

Das Thema dieses Gartens mag den Gärtner dazu verleiten, dem Kitsch zu frönen: kleine Feenornamente, mit Feen bemalte Blumentöpfe und ähnliches. Diese Gefahr läßt sich jedoch vermeiden, wenn die Zartheit der Pflanzen in diesem Garten durch starke, einfache Topfformen ausgeglichen wird. Vielleicht möchten Sie diesem grundsätzlich rosafarbenen Garten mehr Farbe verleihen - mit einem oder mehreren Kübeln in dunklerem Grün, Weiß oder sogar braunglasiert, obwohl einfache Terrakotta völlig ausreicht.

Zwei relativ große blühende Sträucher bilden die Grundlage dieses Gartens, Ihre Kübel sollten mindestens achtzehn Zentimeter im Durchmesser sein. Ein Strauch ist die berühmte antike Miniaturrose *The Fairy,* eine Heritage, deren gebogene Stiele viele Monate unzählige zartrosafarbene, gewellte Blüten tragen. Der Busch, der nicht gestutzt werden sollte, wird neunzig Zentimeter oder höher. Seine Zweige sind stark genug, um ohne Gitter zu wachsen, aber Sie können eins verwenden, um seinem blühenden Wachstum Halt zu geben.

In den zweiten Kübel kommt eine Clematis, *Fairys Petticoat,* deren mit Volants besetzte hellrosa Blüten ausgezeichnet mit *The Fairy* zu kombinieren sind. Eine Kletterpflanze wie die Clematis braucht unbedingt ein Gitter; stecken Sie sie gut in dem Kübel fest, wenn Sie die Waldrebe anbringen, und achten Sie darauf, daß Sie das Gitter nicht umwerfen und die Rebe herunterreißen, wenn Sie den Kübel bewegen. Obwohl die Clematis, wenn ausgewachsen, ein wenig kleiner ist als die Rose auf der anderen Seite, wird die Clematis in einigen Jahren beinahe neunzig Zentimeter hoch werden.

Eine kleinere Variante von *The Fairy* pflanzen Sie auf den Hof: *Fairy Tale Pink,* eine Variation aus hellerem Rosa, mit Eigenschaften wie einer kräftigen Blüte und schnellem Wachstum. Obwohl sie nicht so stark duftet, macht diese Miniaturrose diesen Mangel mit ihrer unerwarteten Fülle wett.

Als nächstes pflanzen Sie *Pink Fairy Babys Breath,* die ihre zarten Blüten in hellem Rosa wie Wolken den ganzen Sommer lang darbieten wird. In die Nähe setzen Sie Kübel mit der Astilbe *Sprite,* mit ihrem dunklen farnigen Blätterwerk und duftigen, verschwenderisch blühenden rosa Blüten. Zwei Kübel mit korallenfarbenen Taglilien *Fairy Jester* bilden einen Akzent und Gegensatz zu dem blassen Rosa in dieser Sammlung, ebenso wie das dunkle Pink der Miniaturrose *Fairy Moss,* deren halbgefüllte Blüten die ganze Saison hindurch blühen.

Feengarten

Zubehör:

- Eine kleine Bank oder ein kleiner Stuhl
- Mehrere unterschiedlich große Kübel
- Gitter (für die Clematis)

Pflanzenliste:

1. 1 Clematis Fairy's Petticoat *(Etoile Rose)*
2. 1 Rose The Fairy
3. 2 Miniaturrosen Lovely Fairy *(Fairy Tale Pink)*
4. 4 Astilben Sprite *(Gnom / Perkeo)*
5. 2 Rosen-Pink Fairy Baby's Breath *(Maiden's Blush)*
6. 2 Taglilien Fairy Jester *(Red Joy)*
7. 5 Miniaturrosen Fairy Moss *(Angel Face)*

Der Rose süßer Duft genügt,
Man braucht sie nicht zu brechen;
Und wer sich mit dem Duft begnügt,
Den wird ihr Dorn nicht stechen.

Friedrich von Bodenstedt

Rosen für die Ewigkeit ...

Natürlich kann man Rosen nicht nur bewundern, mit ihnen meditieren, sie verspeisen oder für die Schönheitspflege verwenden – man kann sie auch vor der Vergänglichkeit bewahren, indem man sie trocknet oder zum Basteln verwendet.

... Wie Sie Rosen richtig trocknen.

Zu schade, um nach einigen Tagen weggeworfen zu werden, müssen die Rosen allerdings, kurz bevor sie ganz aufgeblüht sind – und das tut mir immer in der Seele weh – über Kopf aufgehängt werden, damit die Blüten nicht abknicken. Vorher sollten Sie die Blätter und Dornen (botanisch richtig ist: Stacheln) entfernen, da sie getrocknet ihre Schönheit verlieren und später nur schwer zu entfernen sind.

Die Rosen werden etwa vierzehn Tage lang in einem warmen, trocknen, dunklen Raum aufbewahrt. Die Wärme entzieht den Blumen die Feuchtigkeit, die Dunkelheit sorgt dafür, daß sie nicht ausbleichen.

Nach dem Trocknen kann man die Rosen dann mit Klarlack oder der sogenannten Elefantenhaut (gibt es im Blumen- oder Bastelgeschäft) einsprühen und so die Blütenblätter fixieren. Bitte verwenden Sie kein Haarspray, das klebt nur und zieht Staub an. Im Bastelgeschäft gibt es auch ein Spezialsalz, mit dem Rosen getrocknet werden können.

Drei bis vier Rosen auf einmal werden in eine mit Salz gefüllte Schale gelegt. Nach drei bis vier Tagen sind sie von frischen kaum zu unterscheiden.

Aus Rosen lassen sich romantische Sträußchen anfertigen, farbige Arrangements oder große Gestecke, Girlanden, Buketts oder Kränze.

Ein Bukett aus getrockneten Rosen ist ein wunderbar persönliches Geschenk für eine Geburtstags- oder Jubiläumsfeier, wenn Sie sich davon überhaupt trennen können und nicht mit solch einem Strauß lieber Ihre eigene Wohnung schmücken möchten, zumal die Rosen, auf diese Weise haltbar gemacht, ihren zarten, moschusartigen Duft behalten. Nur dem direkten Sonnenlicht dürften Sie den Trockenstrauß nicht aussetzen, sonst sind die Farben schnell verblaßt.

Potpourri

✓ 4 Handvoll getrocknete Rosenblätter, Knospen und Blüten (am besten aus der eigenen Herstellung)
✓ 2 EL gemahlenen Zimt
✓ 2 EL gemahlene Gewürznelken
✓ 2 EL braunen Zucker
✓ 2 EL Veilchenwurzelpulver
✓ 5 Tr Rosenöl
✓ 3 Tr Zitronenöl

Die Zutaten ohne die Rosenmischung gut verrühren, die Mischung über die getrockneten Rosen geben und vorsichtig mit den Händen zu einer gleichmäßig duftenden Masse vermischen.

Das Potpourri in einem luftdichten Behälter einen Monat lang im Dunklen aufbewahren und gelegentlich schütteln. Je länger die Mischung steht, desto kräftiger wird der Duft. Aus dem Behälter herausnehmen und in einer Schale dekorativ anordnen.

Auguste Renoir: Mädchen mit Hut

Sie können ein Lesezeichen aus Rosen fertigen, Ihre Liebesbriefe mit Rosenduft oder Blättern verzieren, Karten, zum Beispiel zum Valentinstag, verzieren; ein Rosenduftkissen oder Duftkugeln machen, einen Bilderrahmen – lassen Sie Ihrer Phantasie freien Lauf.

Und Sie können natürlich auch einen Strohhut mit rosenfarbenen Bändern und den dazu farbig passenden Rosen verzieren.

Sie sehen, Ihrer Kreativität sind keine Grenzen gesetzt. Und Literatur zum Basteln gibt es in Hülle und Fülle.

Als Amor in den goldenen Zeiten
Verliebt in Schäferlustbarkeiten,
Auf bunten Blumenfeldern lief,
Da stach den kleinsten von den Göttern
Ein Bienchen, das in Rosenblättern,
Wo sonst es Honig holte, schlief.

Durch einen Stich wird Amor klüger,
Der unerschöpfliche Betrüger
Sann einer neuen Kriegslist nach:
Er lauscht in Rosen und Violen;
Und kam ein Mädchen, sie zu holen,
Flog er als Bien' heraus und stach.

Gotthold Ephraim Lessing

Literarische Rosenblüten

Es ist mir sehr schwer gefallen, im Rahmen dieses Buches zu entscheiden, welche der wunderschönen Märchen, Geschichten, Lieder und Gedichte zur Rose ich auswählen sollte, hat sich doch so mancher Dichter vom lieblichen Anblick der Rose und ihrem betörenden Duft zu einem neuen Werk inspirieren lassen – und so überreiche ich Ihnen nun einen Strauß zauberhafter literarischer Rosenblüten.

Äsop
Rose und Immergrün

Einst wuchs ein Immergrün neben einer Rose. Voller Bewunderung sprach es zu dieser: »Was bist du doch für eine herrliche Blume, von den Göttern und Menschen gleichermaßen geliebt und begehrt.«

Die Rose gab zur Antwort:
»O Immergrün, ich lebe nur kurze Zeit und muß dann unweigerlich verwelken, auch wenn mich niemand pflückt. Du aber blühst immerfort und bleibst frisch, als könntest du dich ewig erneuern.«

Daher ist es wohl besser, sich mit dem Wenigen zu begnügen, als nur für kurze Zeit Schönes zu erleben und dann dem Unglück ausgeliefert zu sein oder gar sterben zu müssen.

Ludwig Tieck (1773 – 1853)
Die Rose

»Was machst du hier im Garten?« fragte Aglaja den kleinen Amor, der nachdenkend eine Lilie betrachtete. »Aphrodite hat nach dir gefragt; die ganze Versammlung des Olympos hat dich vermißt, ich ward geschickt, dich aufzusuchen.«

»Ich stehe hier, wähle, und bleibe stets zweifelhaft«, antwortete Amor. »Alle Götter und Göttinnen brachten heut meiner Mutter Geschenke; da flog ich schnell hierher, ihr Blumen zu pflücken. Aber - soll ich diese Lilien brechen? Sie werden Aphroditen nicht schmücken; sie ist weißer und zarter als diese Lilien. Diese Veilchen? Ach, ihre Augen sind schöner blau als diese Blümchen! Diese roten Glockenblumen? Sie würden vor dem Purpur ihrer Lippen erblassen! Ihr Haar ist schöner blond als diese goldnen Ringelblumen! O ihr Blumen seid alle zu schlecht! Dich will ich brechen, du silberne Rose, denn –«

»Gemach, Knabe!« rief Aglaja, »Rosen haben Dornen!«

»O weh, du schelmische Rose!« klagte Amor und küßte den schmerzenden Finger und eilte weinend zu seiner Mutter. »Ach, Mutter«, rief er, »dies sollte dein Geschenk sein; aber die Rose hat mich geritzt. Sieh diese Blutstropfen auf den Blättern der Blume!«

»Von jetzt sei diese Blume mir geweiht; sie sei das Sinnbild der Liebe! Sieh, wie dein Blut sie mit Purpur durchglüht!« Sie küßte die Rose; sie duftete lieblich, und Amor lachte wieder.

Auguste Renoir: Moosrosen

George Sand (1804 – 1876)
Was die Blumen sprechen

Als ich noch ein kleines Mädchen war, meine liebe Aurore, quälte es mich sehr, daß ich nicht verstehen konnte, was die Blumen untereinander sprechen. Mein Botaniklehrer versicherte mir, daß sie überhaupt nicht sprechen können. Entweder war er taub, oder er wollte mir nicht die Wahrheit sagen, aber er schwor, daß sie nicht sprechen.

Ich wußte jedoch ganz genau, daß das Gegenteil der Fall war, ich hörte sie wispernd miteinander reden, vor allem, wenn der Abendtau auf ihnen lag. Nur redeten sie zu leise, als daß ich hätte verstehen können, was sie sagten. Und außerdem waren sie mißtrauisch - wenn ich an den Blumenbeeten im Garten oder auf dem Wiesenpfad vorbeikam, warnten sie sich durch eine Art »Psst!Still, Vorsicht! Da kommt das neugierige Mädchen, das uns zuhören will!«

Ich gab aber nicht auf. Ich übte mich darin, so leise zu gehen, auch nicht den winzigsten Grashalm dabei zu bewegen, daß sie mich nicht mehr hören konnten und ich ganz nahe an sie herankam. Ich duckte mich in den Schatten der Bäume, damit sie nicht etwa meinen Schatten entdecken konnten, und nun konnte ich hören, was sie sprachen. Ich mußte sehr aufmerksam zuhören, denn ihre Stimmen waren so zart und fein, daß sie der leiseste Windhauch wegtrug und das Summen der Schwärmer und Nachtfalter sie übertönte.

In welcher Sprache sie sich unterhielten, habe ich nicht herausfinden können. Es war nicht Französisch, und es war auch nicht Lateinisch, das ich damals gerade lernte. Trotzdem konnte ich sie gut verstehen. Es kam mir sogar so vor, als würde ich ihre Sprache besser verstehen als alles, was ich bis dahin gehört hatte.

Eines Abends legte ich mich in einem gut geschützten Winkel des Blumenbeets in den Sand, und es gelang mir, alles mitzubekommen, was in meiner Nähe gesprochen wurde. Da überall im ganzen Garten geredet wurde, war es vermessen, mehr als ein Geheimnis auf einmal erfahren zu wollen, und so blieb ich, wo ich war, verhielt mich ganz ruhig und hörte, wie gerade der Klatschmohn sprach: »Meine Damen und Herren, es wird langsam Zeit, mit diesem Unfug aufzuhören. Alle Blumen sind gleich edel. Unsere Familie steht keiner anderen in irgend etwas nach, und soll, wer will, die Rose als Königin der Blumen betrachten, ich erkläre hiermit, daß ich von all dem die Nase voll habe und daß ich, jedenfalls für mein Teil, niemandem das Recht zubillige, sich edlerer Geburt und höheren Adels zu rühmen, als ich es bin.«

Hierauf erwiderten die Margeriten einstimmig, daß der Redner Klatschmohn recht habe. Eine von ihnen, sie war größer als die anderen und sehr schön, verlangte das Wort und sagte:

»Ich habe sowieso nie begriffen, warum die Rosenfamilie so arg vornehm tut. Weshalb, so frage ich euch, sollte eine Rose hübscher und wohlgestalteter sein als ich? Natur und Kunst haben sich vereint, um uns mehr Blütenblätter und leuchtendere Farben zu verleihen als ihr. Wir sind viel reicher: Die schönste Rose hat kaum mehr als zweihundert Blütenblätter, und wir haben bis zu fünfhundert. Und wir haben Violett und fast reinstes Blau, Farben, die die Rose nie erreichen wird.«

»Ich, Prinz Delphinium, habe das Blau des Himmels in meiner Kerze, und meine zahlreichen Verwandten haben alle Schattierungen von Rosa. Die angebliche Königin der Blumen hat also reichlich Grund« uns zu beneiden. Und was ihren so vielgerühmten Duft betrifft ....

»Kommt mir bloß nicht damit, diese Angeberei mit dem Duft geht mir auf die Nerven. Was ist denn das schon, der Duft, ich bitt euch! Lediglich eine Sache, über die sich die Gärtner und die Schmetterlinge einig sind. Ich finde, daß die Rose nicht gut riecht und daß ich es bin, der Wohlgeruch verströmt.« »Wir riechen nach gar nichts. Und meiner Meinung nach zeigen wir dadurch, daß wir Anstand und Geschmack besitzen. Düfte sind ein Zeichen von Aufdringlichkeit oder

Prahlerei. Eine Blume, die auf sich hält, drängt sich nicht durch ihre Ausdünstungen vor. Die Schönheit allein genügt ihr.«

»Da bin ich nicht Eurer Meinung! Ich meine, Düfte zeugen von Geist und Gesundheit.«

Die Stimme der großen Mohnblume ging in Gelächter unter, die Nelken hielten sich die Seiten, und die Reseden bogen sich vor Lachen. Aber anstatt sich darüber zu ärgern, fuhr die Mohnblume damit fort, Form und Farbe der Rosen zu kritisieren. Diese konnten sich nicht wehren, denn die Rosenstöcke waren gerade gestutzt worden, und die kleinen Knospen an den neu sprießenden Trieben lagen noch wohlbehütet in ihren grünen Windeln. Ein bunt gekleidetes Gartenstiefmütterchen kritisierte nun seinerseits mit aller Schärfe die Blumen mit gefüllten Blüten, und da diese im Blumenbeet in der Mehrzahl waren, begann ein Streit. Es herrschte jedoch solche Eifersucht gegen die Rose, daß man sich bald wieder versöhnte, um gemeinsam über sie zu lästern und sie schlechtzumachen. Das Stiefmütterchen errang sogar Beifall, indem es die Rose mit einem dicken Kopfsalat verglich und letzterem den Vorzug gab, da er größer und nutzbringender sei.

Ich geriet über die Albernheiten, die ich da zu Ohren bekam, in hellen Zorn, und, plötzlich ihre Sprache sprechend, versetzte ich den dummen Blumen einen Fußtritt und rief: »Nun aber Schluß, ihr redet ja lauter Blödsinn! Was für eine Enttäuschung! Ich dachte, ich höre hier wahre Wunder der Poesie, und da kommt ihr mit euren Rivalitäten, eurer Eitelkeit und niedrigster Eifersucht!«

Tiefe Stille trat ein, und ich ging fort.

»Da will ich aber nun mal sehen, ob die wild blühenden Pflanzen mehr Vernunft haben als diese gezüchteten Klatschbasen, die mit der künstlichen Schönheit, die wir ihnen verliehen haben, auch unsere Vorurteile und Schwächen übernommen haben

Im Schatten einer dichten Hecke ging ich zur freien Wiese. Ich wollte wissen, ob die Spiere, die man die Königin der Wiesen nennt, auch so eingebildet und eifersüchtig ist. Aber dann blieb ich vor einem wilden Rosenstrauch stehen, in dem alle Blüten durcheinanderredeten.

»Ich will mal herausfinden, ob die Wilde Rose etwa die Hundertblättrige Rose schlechtmacht oder die gefüllte Rosenblüte verachtet.«

Dazu muß ich sagen, daß es in meiner Kindheit noch nicht all die verschiedenen Rosenarten gab, die die Gärtner seitdem durch Pfropfen und Säen wissenschaftlich gezüchtet haben. Die Natur war aber darum nicht ärmer. Unsere Rosenbüsche trugen viele Varianten natürlicher Rosen: die *Canina,* Hundsrose, so genannt, weil sie für ein Heilmittel gegen den Biß von tollwütigen Hunden gehalten wurde; die Zimtrose, die Muskatrose, die *Rubiginosa,* eine der hübschesten; die Pimpernellrose, die *Tomentosa,* die Alpenrose und viele, viele andere. Außerdem blühten auch in den Gärten die bezaubernsten Arten; sie sind heute fast alle ausgestorben. Eine war rot und weiß, sie hatte nicht viele Blütenblätter, aber ihre kranzförmig angeordneten Staubgefäße waren von leuchtendem Gelb, und sie duftete wie Bergamotte; es war eine richtige Wiesenblume, und sie fürchtete weder trockene Sommer noch harte Winter. Große und kleine gefüllte Rosen gab es, die sehr selten geworden sind. Dann die kleine Mairose, die am frühesten von allen blüht und vielleicht auch von allen am stärksten duftet; man würde sie heute auf dem Markt vergeblich suchen. Die Damaszenerrose oder die *Rosa gallica*, Provence-Rose, die eine Nutzpflanze ist und die man sich jetzt aus dem Süden Frankreichs kommen lassen muß. Schließlich die *Centifolia* oder besser die Hundertblättrige, deren Herkunft unbekannt ist; man nimmt an, sie sei eine Züchtung.

Diese *Centifolia* war damals für mich, wie für alle anderen auch, das Ideal der Rose, und ich wollte einfach nicht glauben, daß sie eine von der Wissenschaft erschaffene Mißgeburt sei, wie mein Lehrer sagte. Ich hatte bei meinen Dichtem gelesen, daß die Rose schon in der Antike der Inbegriff von Duft und Schönheit gewesen war. Natürlich kannten die Alten noch nicht unsere Teerose, die gar nicht mehr nach Rose riecht, und all ihre hübschen Varianten, die sich heutzutage ins Endlose vermehren, sich aber vom Urbild der Rose weit entfernt haben. Ich fand auf meine eigene Weise Gefallen an dem Botanikunterricht, den ich damals bekam. Ich hatte einen feinen Geruchssinn und meinte, daß der Duft eines der wesentlichen Merkmale einer Pflanze sei. Mein Lehrer, der gern Tabak rauchte, wollte mir dieses Kriterium nicht zugestehen. Er hatte nur noch seinen Tabakgeruch in der Nase, und wenn er eine andere Pflanze roch, legte er ihr höchst beleidigende Eigenschaften bei und meinte, sie brächte ihn nur zum Niesen. Ich hörte also nun mit großer Neugier, was der Rosenstrauch über meinem Kopf sagte, denn schon bei den ersten Worten, die ich auffing, erriet ich, daß von der Herkunft der Rose die Rede war.

»Bleib noch bei uns, lieblicher Zephir, wir sind aufgeblüht, und die edlen Rosen im Beet schlafen noch in ihren grünen Knospen. Sieh her, wir sind frisch und fröhlich, und wenn du uns ein bißchen wiegst, strömen wir Düfte aus, so süß wie die unserer berühmten Königin.«

Darauf hörte ich den Zephir antworten:

»Oh, schweigt! Ihr seid doch nur Kinder des Nordens. Ich will gern einen Augenblick mit euch plaudern, aber es steht euch nicht an, euch mit der Königin der Blumen zu vergleichen!«

»Lieber Zephir, wir achten und verehren sie, ja, wir wissen, wie eifersüchtig die anderen Blumen im Garten auf sie sind. Sie behaupten, daß sie nicht mehr wert sei als wir, daß sie eine Tochter des Rosenstrauchs sei und ihre Schönheit lediglich der Züchtung verdankt. Aber wir sind unwissend und können nichts dazu sagen. Du bist schon viel länger auf der Erde als wir, sag du uns, ob du weißt, wo die Rose wirklich herkommt.«

»Nun, dann werde ich es euch sagen, denn es ist auch meine eigene Geschichte. Hört zu und vergeßt es nicht wieder.«

Und der Zephir erzählte:

»Zu der Zeit, als alle Wesen und Dinge noch die Sprache der Götter sprachen, war ich der älteste Sohn des Herrn der Stürme. Meine schwarzen Flügel spannten sich bis zu den äußersten Punkten der fernsten Horizonte, mein mächtiges Haar spielte in den Wolken. Mein Aussehen war furchteinflößend, und es stand in meiner Macht, die Abendwolken zu versammeln und sie wie einen undurchdringlichen Schleier zwischen Erde und Sonne auszubreiten.

Lange regierte ich mit meinem Vater und meinen Brüdern auf dem noch unbelebten Planeten. Unsere Aufgabe war es, zu zerstören und Verwirrung zu stiften. Meine Brüder und ich fegten wütend über die ganze armselige kleine Welt, als würden wir es nicht dulden, daß Leben auf dieser unförmigen Schlacke entstünde, die wir heute den Planeten der Lebenden nennen. Ich war der stärkste und wildeste von allen. Wenn der König, mein Vater, müde war, legte er sich auf die Wolkengipfel und ruhte sich aus von der Anstrengung des unaufhörlichen und erbitterten Zerstörungswerkes. Aber im Schoß der noch kalten Erde regte sich ein Geist, eine mächtige Gottheit, der Geist des Lebens. Es drängte ihn zum Licht, er warf Gebirge auf, füllte die Meere, häufte Staub und Erde und brach überall hervor. Wir verdoppelten unsere Kräfte, beschleunigten damit jedoch nur noch das vielfältige Entstehen einer Unzahl von Lebewesen, die uns gerade deshalb entschlüpften, weil sie so klein waren, und gerade deshalb trotzten, weil sie so schwach waren. Einfache biegsame Pflanzen, kleine mit der Strömung schwimmende Muscheln erschienen auf der noch heißen Kruste der Erdrinde in Sümpfen, Gewässern und Trümmerresten aller Art. Vergebens jagten wir die wilden Fluten über die entstehenden Geschöpfe. Das Leben entstand und erschien unter immer neuen Formen, als hätte es sich der geduldige und erfinderische Genius der Schöpfung gerade zum Ziel gesetzt, die Körperbeschaffenheit und die Bedürfnisse der Lebewesen eben der ungebärdigen Umgebung anzupassen, die wir ihnen bereiteten. Wir wurden des anscheinend passiven, jedoch unbeugsamen

Widerstands allmählich müde. Wir zerstörten ganze Arten von Lebewesen, und wieder neue tauchten auf, die so beschaffen waren, daß wir ihnen nichts mehr anhaben konnten.

Unsere Wut war erschöpft. Wir zogen uns auf den Wolkengipfel zurück, um Rat zu halten und unseren Vater um neue Kräfte zu bitten.

Während er uns jedoch Anweisungen gab, bedeckte sich die Erde, für einen Augenblick befreit von unserem wilden Toben, mit unzähligen Pflanzen, und viele Tiere, durch die gewaltige Vielfalt der Arten ihrer Umgebung angepaßt, suchten Schutz und Nahrung in riesigen Wäldern, an den Hängen hoch aufragender Gebirge und im klaren Wasser großer Seen.

›Seht‹, sagte mein Vater, der König der Stürme, ›die Erde hat sich geschmückt wie eine Braut, als wollte sie sich der Sonne vermählen. Werft euch zwischen sie, türmt ungeheure Wolkengebirge auf, stürmt heulend und brausend über alles hinweg, was lebt, laßt die Wälder niederstürzen, ebnet die Berge ein und entfesselt die Meere! Los mit euch, und kommt mir nicht zurück, bevor noch ein einziges Lebewesen existiert, noch eine einzige Pflanze aufrecht steht auf diesem verfluchten Erdkreis, auf dem das Leben sich ausbreiten will und unsere Macht für nichts erachtet.‹

Wie eine Todessaat verteilten wir uns über die beiden Hemisphären. Ich durchstieß adlergleich die Wolken und überfiel die Gegenden des alten Fernen Orients, wo die tiefen Senken des asiatischen Hochlandes unter glühendem Himmel zum Meer hin abfallen und aus fruchtbringender Feuchtigkeit gewaltige Pflanzen und gefährliche Tiere entstanden. Ich hatte mich wieder erholt und fühlte mich ausgestattet mit riesenhafter Kraft; ich war stolz darauf, all den schwachen Wesen, die mir widerstehen wollten, Tod und Verderben zu bringen. Mit einem Flügelschlag vernichtete ich einen ganzen Landstrich, mit einem Windstoß ließ ich einen ganzen Wald niedersinken. Ich fühlte eine blinde, rauschhafte Freude, die Freude, stärker zu sein als alle Kräfte der Natur.

Da zog plötzlich ein mir fremder Hauch, ein Duft durch mich hindurch, und überrascht von dieser neuen Empfindung, hielt ich inne, um zu erkunden, was das war. Ich erblickte ein nie gekanntes Wesen, das während meiner Abwesenheit auf der Erde erschienen war, ein taufrisches, kleines und zartes Geschöpf: die Rose.

Ich wollte auf sie hinunterstürzen und sie zermalmen, aber sie beugte sich hinab zur grasbewachsenen Erde und sprach: ›Hab Mitleid! Ich bin so schön und so fein! Atme meinen Duft ein, dann wirst du mich verschonen.‹

Ich roch an ihr. und ein seltsamer Taumel besänftigte sogleich meine Wut. Ich legte mich neben der Rose ins Gras und schlief ein.

Als ich erwachte, stand die Rose wieder aufrecht und wiegte sich sacht in meinem friedlichen Atem. ›Sei mein Freund‹, sagte sie, ›und verlaß mich nie wieder. Wenn du deine furchtbaren Flügel zusammengefaltet hast, finde ich dich nämlich sehr schön und liebe dich. Sicher bist du der Herr des Waldes. Dein besänftigter Atem ist wie ein wunderbar melodiöses Rauschen. Bleib bei mir, oder nimm mich mit dir, damit ich die Sonne und die Wolken einmal aus der Nähe sehen kann.‹

Ich nahm die Rose an meine Brust und flog mit ihr davon. Bald kam es mir so vor, als ob sie welkte. Sie war matt und konnte gar nichts mehr sagen. Ihr Duft ließ jedoch nicht nach, mich zu bezaubern. Um sie nicht zu beschädigen, flog ich sehr behutsam über die Baumwipfel und vermied es, auch nur leicht an etwas zu stoßen. So gelangte ich vorsichtig zum Palast der dunklen Wolken hinauf, wo mich mein Vater erwartete.

›Was willst du hier?‹ fragte er, ›und warum hast du den Wald stehen lassen, den ich noch am Ufer des Indus sehe? Kehr schleunigst um und zerstöre ihn!‹

›Ja‹, erwiderte ich, ›aber laß mich dir erst dieses Kleinod anvertrauen, ich möchte es gern retten.‹ Und ich zeigte ihm die Rose.

›Retten?!‹ brüllte er und wurde rot vor Zorn. ›Du willst etwas retten?!‹ Mit einem Atemstoß riß er mir die Rose aus der Hand, ihre matten Blütenblätter zerstreuten sich in alle Richtungen, und sie entschwand ins All.

Ich wollte ihr nachstürmen, um wenigstens noch einen Rest von ihr zu erfassen, aber der verärgerte König ergriff mich erbarmungslos, legte mich übers Knie und riß mir wütend die Flügel aus. Die Federn stoben davon, den fortgeflogenen Blättern der Rose nach.

›Unwürdiger Sohn!‹ sagte er, ›du hast Mitleid gehabt, du bist nicht mehr mein Sohn! Hinunter mit dir zur Erde, zum unheilvollen Geist des Lebens, der mir trotzt! Da wirst du sehen, ob er mit dir etwas anfangen will, nun, da ich dich verstoßen habe und du nichts mehr bist!‹

Er warf mich in abgrundtiefe Leere und vergaß mich für immer. Ich sank hinunter bis zur Waldlichtung und fand mich völlig vernichtet neben der Rose, die strahlender lachte und herrlicher duftete als je zuvor.

›Was ist das für ein Wunder? Ich glaubte, du seist tot, und habe dich beweint. Hast du die Fähigkeit, wiedergeboren zu werden?‹

›Ja‹, antwortete sie, ›wie alle Kreatur, die sich vom Geist des Lebens nährt. Sieh die Knospen, die um mich herum stehen. Heute abend werde ich meinen Glanz verloren haben und wieder an meiner Erneuerung arbeiten, während meine Schwestern dich mit ihrer Schönheit bezaubern werden, ihren Festtag haben und ihre Düfte verströmen. Bleib bei uns. Bist du nicht unser Kamerad und unser Freund?‹

Ich war noch so niedergedrückt von meinem Sturz, daß ich die Erde, der ich mich nun für immer verbunden fühlen sollte, mit meinen Tränen netzte. Der Geist des Lebens sah meine Tränen und war tiefbewegt. Er erschien mir in der Gestalt eines lichten Engels und sagte zu mir:

›Du hast Mitleid gefühlt, du hast dich der Rose erbarmt, nun habe ich Mitleid mit dir. Dein Vater ist mächtig, aber ich bin mächtiger als er, denn er kann zwar zerstören, ich aber kann erschaffen.‹

Indem es so sprach, berührte das Lichtwesen meinen Körper, und ich wurde ein schönes Kind mit rosenfarbenem Gesicht. Schmetterlingsflügel wuchsen mir im Rücken, und ich schwebte selig umher.

›Bleib bei den Blumen im kühlen Wald‹, sagte die Fee, ›fürs erste wird der grüne Dom dich bergen und schützen. Später, wenn ich die Wut der Elemente besiegt habe, kannst du auf der Erde umherziehen. Die Menschen werden dir dankbar sein, und die Dichter werden dich besingen. Und du, liebliche Rose, die du als erste mit deiner Schönheit den wilden Zorn besänftigt hast, sei das Symbol der kommenden Versöhnung der Kräfte, die heute der Natur noch feindlich sind. Auch wirst du ein Lehrmeister kommender Geschlechter sein, denn die zivilisierten Menschen werden alle Dinge nur ihren Wünschen gefügig machen wollen, und meine schönsten Gaben, Anmut, Sanftmut und Schönheit, werden ihnen, fürchte ich, weniger wertvoll erscheinen als Reichtum und Macht. Lehre sie, freundliche Rose, daß die stärkste und einzig legitime Macht die der Bezauberung und Versöhnung ist. Ich gebe dir einen Namen, den dir kein kommendes Jahrhundert mehr streitig machen wird: Ich nenne dich Königin der Blumen. Die Königreiche, die ich einsetze, sind göttlich und kennen nur eine Art des Tuns: die Bezauberung.‹

Von diesem Tag an lebte ich in Frieden mit den Göttern, geliebt von Menschen, Tieren und Pflanzen. Von freiem und göttlichem Ursprung, bleibt mir die Wahl zu weilen, wo ich will, aber ich bin zu sehr ein Freund der Erde und ein hilfreicher Diener des Lebens, um die geliebte Erde je wieder zu verlassen, auf der mich meine erste und nie mehr erkaltende Liebe festhält. Ja, meine Kinder, ich bin der treue Geliebte der Rose und also auch euer Bruder und Freund.«

»Wenn das so ist, dann gib uns ein Fest, und wir feiern und singen das Lob der Frau Königin, der Hundertblättrigen Rose aus dem Orient.«

Der Zephir bewegte seine reizenden Flügel, und über meinem Kopf ging ein ausgelassenes Tanzen los, begleitet vom Knistern der Zweige und vom Schlagen der Blätter, die wie Zimbel und Castagnetten klangen. Einigen wilden kleinen Tänzerinnen zerriß sogar das Ballkleid, und ihre Blütenblätter fielen in mein Haar. Aber sie achteten nicht darauf, sie tanzten wild und ausgelassen weiter und sangen:

»Hoch lebe die schöne Rose, sie hat mit ihrem Liebreiz den Sohn der Stürme besiegt! Hoch lebe der gute Zephir, der immerwährende Freund der Blumen!«

Als ich meinem Lehrer erzählte, was ich gehört hatte, erklärte er, ich sei krank und bräuchte wohl ein Abführmittel. Aber meine Großmutter nahm mich in Schutz und erklärte ihm:

»Sie sind sehr zu bedauern, wenn Sie nie gehört haben, wie die Rosen sprechen! Ich jedenfalls sehne mich zurück nach der Zeit, wo ich sie verstehen konnte. Denn es ist eine Fähigkeit der Kindheit. Passen Sie ja auf, daß Sie nicht Fähigkeiten mit Krankheiten verwechseln!«

Anonym (17. Jahrhundert)

Die mystische Wurzel

Von Jesse kommt eine Wurzel zart,
Daraus ein Zweig voll Wunderart,
Der Zweig ein schönes Röslein bringt,
Das wunderlich vom Zweig entspringt.

Die Wurzel der Stamm Davids ist,
Maria, du das Zweiglein bist,
Dein Sohn, die Blum, die schöne Ros,
Ist Gott und Mensch in deinem Schoß.

Der Heilig Geist voll dir allein
Erschaffen hat das Kindlein fein,
Gleichwie die Sonn durch ihre Kraft
Allein von Zweiglein Rosen schafft.

0 Wunderwerk! auf einem Stiel
Stehn Röslein und auch Blätter viel;
0 Wunderwerk! in Gottes Sohn
Sind zwei Naturen in Person.

Rot ist die Ros, grün ist das Blatt,
Ein Zweiglein gleichwohl beide hat,
Also man zwei Naturen findt
Und eine Person in diesem Kind.

O Zweig! dich ziert die schöne Blum,
Die Ros dir bringt Lob, Ehr und Ruhm,
Die Ros das Zweiglein nicht verstellt,
Dein Jungfrauschaft dein Kind erhält.

Jorge Luis Borges (1899-1986)
Die Rose des Paracelsus

In seiner Werkstatt, die die beiden Kellerzimmer umfaßte, bat Paracelsus seinen Gott, seinen unbestimmten Gott, irgendeinen Gott, daß er ihm einen Schüler schicke. Es wurde Abend. Das spärliche Feuer im Kamin warf unregelmäßige Schatten. Aufzustehen, um die Eisenlampe anzuzünden, war zuviel Mühe. Geistesabwesend vor Müdigkeit, vergaß Paracelsus sein Bittgebet. Die Nacht hatte die staubigen Alembiks und den Athanor ausgelöscht, als es an die Tür klopfte. Schläfrig erhob sich der Mann, stieg die kurze Wendeltreppe empor und öffnete einen Türflügel. Ein Unbekannter trat ein. Auch er war sehr müde. Paracelsus wies ihn zu einer Bank; der andere setzte sich und wartete. Eine Zeitlang wechselten sie kein Wort.

Der Meister sprach als erster.

»Ich erinnere mich an Gesichter des Okzidents und an Gesichter des Orients«, sagte er nicht ohne eine gewisse Feierlichkeit. »An deins erinnere ich mich nicht. Wer bist du, und was willst du von mir?«

»Mein Name tut nichts zur Sache«, erwiderte der andere. »Drei Tage und drei Nächte bin ich gewandert, um in dein Haus zu gelangen. Ich möchte dein Schüler sein. Ich habe dir all meinen Besitz mitgebracht.«

Er holte einen Leinenbeutel hervor und entleerte ihn auf den Tisch. Es waren viele Münzen, und sie waren aus Gold. Er tat es mit der rechten Hand. Paracelsus hatte ihm den Rücken gekehrt, um die Lampe anzuzünden. Als er sich umwandte, bemerkte er, daß die Linke eine Rose hielt. Die Rose beunruhigte ihn.

Er lehnte sich zurück, legte die Fingerspitzen aneinander und sagte: »Du glaubst, ich sei imstande, den Stein zu schaffen, der alle Elemente in Gold verwandelt, und du bietest mir Gold. Es ist nicht Gold, was ich suche, und wenn dir an Gold gelegen ist, wirst du niemals mein Schüler sein.«

»Mir liegt nichts am Gold«, entgegnete der andere. »Diese Münzen sind nichts weiter als ein Beweis meines Arbeitswillens. Ich möchte, daß du mich die Kunst lehrst. Ich möchte an deiner Seite den Weg gehen, der zum Stein führt.«

Paracelsus sagte langsam: »Der Weg ist der Stein. Der Ausgangspunkt ist der Stein. Wenn du diese Worte nicht begreifst, hast du noch gar nicht angefangen zu begreifen. Jeder Schritt, den du gehst, ist das Ziel.«

Der andere sah ihn mißtrauisch an. Er sagte mit klarer Stimme: »Aber es gibt doch ein Ziel?« Paracelsus lachte. »Diejenigen, die mich schmähen und die ebenso zahlreich wie dumm sind, sagen nein und nennen mich einen Hochstapler. Ich gebe ihnen nicht recht, doch es ist nicht ausgeschlossen, daß das ein Irrtum ist. Ich weiß, es gibt einen Weg.«

Sie schwiegen, dann sagte der andere: »Ich bin bereit, ihn mit dir zu gehen, und sollte er viele Jahre in Anspruch nehmen. Laß mich durch die Wüste wandern. Laß mich wenigstens von fern das Land der Verheißung erblicken, obwohl die Gestirne mir den Eintritt verwehren. Ich begehre einen Beweis, ehe ich mich auf den Weg mache.«

»Wann?« fragte Paracelsus beunruhigt.

»Jetzt sofort«, sagte der Schüler mit jäher Bestimmtheit.

Zunächst hatten sie lateinisch gesprochen; jetzt deutsch.

Der junge Mann hob die Rose hoch.

»Man sagt«, sprach er, »du könntest eine Rose verbrennen und sie mit Hilfe deiner Kunst aus der Asche wieder auferstehen lassen. Laß mich Zeuge dieses Wunders sein. Darum bitte ich dich, und danach gehört mein ganzes Leben dir.«

»Du bist sehr leichtgläubig«, sagte der Meister: »Leichtgläubigkeit habe ich nicht nötig; ich verlange Glauben.«

Der andere gab nicht nach.

»Eben weil ich nicht leichtgläubig bin, möchte ich mit eigenen Augen die Vernichtung und Auferstehung der Rose sehen.«

Paracelsus hatte sie ihm abgenommen und spielte mit ihr, während er sprach.

»Du bist leichtgläubig«, sagte er. »Du sagst, ich bin imstande, sie zu vernichten?«

»Niemand ist außerstande, sie zu vernichten«, sagte der Schüler.

»Du täuschst dich. Glaubst du vielleicht, es könne irgend etwas dem Nichts überantwortet werden? Glaubst du, Adam im Paradies hätte eine einzige Blume oder einen Grashalm vernichten können?«

»Wir sind nicht im Paradies«, sagte der junge Mann starrköpfig. »Unter der Sonne hier ist alles sterblich.«

Paracelsus war aufgestanden.

»Wo sonst wären wir denn? Glaubst du, daß die Gottheit einen Ort schaffen kann, der nicht das Paradies ist? Glaubst du, daß der Sündenfall etwas anderes ist als nicht zu wissen, daß wir im Paradies sind?«

»Eine Rose kann verbrennen«, sagte der Schüler herausfordernd.

»Es ist noch Feuer im Kamin«, sagte Paracelsus. »Wenn du diese Rose auf die Glut wirfst, wirst du glauben, daß sie verglüht und daß die Asche wirklich ist. Ich sage dir, daß die Rose ewig ist und daß nur ihre Erscheinung sich ändern kann. Es bedarf einzig eines Wortes von mir, damit du sie von neuem siehst««

»Eines Wortes?« sagte der Schüler verwundert. » Der Athanor ist erloschen, und die Alembiks sind voll von Staub. Was tust du, um sie wiederauferstehen zu lassen?«

Paracelsus sah ihn traurig an.

»Der Athanor ist erloschen«, wiederholte er, »und die Alembiks sind voll von Staub. Auf dieser Strecke meiner langen Reise gebrauche ich andere Instrumente.«

»Ich wage nicht zu fragen, welche das sind«, sagte der andere verschlagen oder demütig.

»Ich spreche von dem, was die Gottheit gebrauchte, um Himmel und Erde zu schaffen und das unsichtbare Paradies, in dem wir uns befinden und das uns durch die Erbsünde verborgen ist. Ich spreche von dem Wort, das uns die Wissenschaft der Kabbala lehrt.«

Der Schüler sagte kalt: »Bitte sei so gnädig, mir das Verschwinden und Wiedererscheinen der Rose zu zeigen. Es ist mir gleichgültig, ob du Brennkolben benutzt oder das Wort.«

Paracelsus überlegte. Schließlich sagte er: »Wenn ich es täte, würdest du sagen, daß es sich um eine Erscheinung handelt, die dir deine Augen vorzaubern. Das Wunder gibt dir nicht den Glauben, den du suchst. Laß also die Rose.«

Der junge Mann sah ihn noch immer mißtrauisch an. Der Meister erheb die Stimme und sagte: »Außerdem, wer bist du denn, ins Haus eines Meisters einzudringen und von ihm ein Wunder zu verlangen? Was hast du geleistet, um eine solche Gabe zu verdienen?«

Der andere antwortete unsicher: »Ich weiß schon, daß ich nichts geleistet habe. Ich bitte dich im Namen der vielen Jahre, die ich lernend in deinem Schatten verbringen werde, daß du mir die Asche und danach die Rose zeigst. Um weiteres bitte ich dich nicht. Ich glaube dem, was meine Augen mir bezeugen.«

Jäh nahm er die rote Rose, die Paracelsus auf dem Pult hatte liegen lassen, und warf sie in die Flammen. Die Farbe verlosch, und übrig blieb nur ein wenig Asche. Einen unendlichen Augenblick lang hoffte er auf die Worte und das Mirakel.

Paracelsus war gelassen geblieben. Mit sonderbarer Schlichtheit sagte er: »Alle Ärzte und alle Apotheker Basels behaupten, daß ich ein Schwindler bin. Vielleicht haben sie recht. Dort ist die Asche, die die Rose gewesen ist und sie nicht wieder sein wird.«

Der junge Mann empfand Scham. Paracelsus war ein Scharlatan oder ein bloßer Phantast, und er, der Eindringling, war in sein Haus gekommen und hatte ihn nunmehr genötigt zuzugeben, daß seine berühmten magischen Künste ohne Wirkung waren.

Er kniete nieder und sagte: »Ich habe unverzeihlich gehandelt. Es fehlte mir der Glaube, den der Herr von den Gläubigen verlangt hat. Laß mich weiter die Asche sehen. Ich kehre zurück, wenn ich stärker bin, und dann werde ich dein Schüler sein und am Ende des Wegs die Rose sehen.«

Er sprach mit wahrer Leidenschaft, doch diese Leidenschaft war das Mitleid, das ihm der alte, so verehrte, so umworbene, so illustre und darum so hohle Meister einflößte. Wer war er, Johannes Grisebach, mit frevelhafter Hand zu entdecken, daß hinter der Maske niemand war?

Ihm die Münzen dazulassen wäre ein Almosen gewesen. Beim Hinausgehen nahm er sie wieder an sich. Paracelsus begleitete ihn zum Fuß der Treppe und sagte, daß er in diesem Fall jederzeit willkommen wäre. Beide wußten, daß sie sich nicht wiedersehen würden.

Paracelsus blieb allein. Bevor er die Lampe löschte und sich ermattet in den Sessel niederließ, nahm er das feine Häufchen Asche in die hohle Hand und sagte mit leiser Stimme ein Wort. Die Rose erstand aufs neue.

WILLIAM SHAKESPEARE
(1564-1616)

Sonnet 54

Oh how much more doth
beauty beauteous seem
By that sweet ornament
which truth doth give!

WILLIAM SHAKESPEARE
(1564-1616)

Sonett 54

Oh, wieviel schöner scheint
die Schönheit doch,
Wenn Treue sie als süße
Zierde hebt!

The rose looks fair, but
fairer we it deem
For that sweet odour which
doth in it live.

The canker blooms have
as deep a dye
As the perfumed tincture of
the roses,
Hang on such thorns and
play as wantonly
When summer's breath
their maskèd buds
discloses:

But for their virtue only is
their show
They live unwoo'd and
unrespected fade –
Die to themselves. Sweet
roses do not so;
Of their sweet deaths are
sweetest odours made:

And so of you, beauteous
and lovely youth,
When that shall vade, by
verse distills your truth.

Die holde Rose dünkt uns
holder noch,
Weil süßer Duft in ihrer
Blüte lebt.

Die Heckenröschen mögen
Farben zeigen
So leuchtend wie der
Rosen würz'ge Pracht;
Gleich üppig schwellen sie
an gleichen Zweigen,
Hat Sommerhauch die
Kelche weit
gemacht.

Doch weil ihr Wert im
bloßen Aussehn liegt,
So leben sie und welken
ungepriesen -
Sie sterben ganz für sich.
Die Rosen nicht,
Aus ihrem süßen Tod wird
Süße fließen.

Und so auch Ihr, des Schönheit
liebreich blüht;
Vergeht sie, Eure Treue tränkt
das Lied.

Hans Christian Andersen (1805 – 1875)
Der Rosen-Elf

Mitten in einem Garten wuchs ein Rosenstock, der war ganz voller Rosen; und in einer derselben, der Schönsten von allen, wohnte ein Elf. Er war so winzig klein, daß kein menschliches Auge ihn erblicken konnte, und hatte Flügel von den Schultern bis hinunter zu den Füßen. O, welcher Duft war in seinen Zimmern, und wie klar und schön waren die Wände! Es waren ja die blaßroten Rosenblätter.

Den ganzen Tag erfreute er sich im warmen Sonnenschein, flog von Blume zu Blume, tanzte auf den Flügeln des fliegenden Schmetterlings und maß, wie viele Schritte er zu gehen habe, um über alle Landstraßen und Stege zu gelangen, welche auf einem einzigen Lindenblatte sind. Das war, was wir die Adern im Blatte nennen, die er für Landstraßen und Stege hielt. Ja, das waren ewige Wege für ihn! Ehe er damit fertig wurde, ging die Sonne unter: er hatte auch so spät damit angefangen!

Es wurde so kalt, der Tau fiel und der Wind wehte; nun war es das Beste, nach Hause zu kommen. Er tummelte sich, was er konnte; aber die Rose hatte sich geschlossen; er konnte nicht hineingelangen; - keine einzige Rose stand geöffnet. Der arme kleine Elf erschrak sehr. Er war früher nie des Nachts ausgewesen, hatte immer so süß hinter den warmen Rosenblättern geschlummert: o, das wird sicher sein Tod werden!

Am anderen Ende des Gartens, wußte er, befand sich eine Laube mit schönem Jelängerjelieber; die Blüten sahen wie große bemalte Hörner aus; in eine derselben wollte er hinabsteigen und bis morgen schlafen.

Er flog dahin. Still! Es waren zwei Menschen darin: ein junger, hübscher Mann und ein schönes Mädchen. Sie saßen nebeneinander und wünschten, daß sie sich nie zu trennen brauchten. Sie waren einander so gut, weit mehr noch, als das beste Kind seiner Mutter und seinem Vater sein kann.

»Dennoch müssen wir uns trennen!« sagte der junge Mann. »Dein Bruder mag uns nicht leiden, deshalb sendet er mich mit einem Auftrage so weit über Berge und Seen fort! Lebe wohl, meine süße Braut, denn das bist du doch!«

Und dann küßten sie sich, und das junge Mädchen weinte und gab ihm eine Rose. Aber bevor sie ihm dieselbe reichte, drückte sie einen Kuß so fest und innig darauf, daß die Blume sich öffnete. Da flog der kleine Elf in diese hinein und lehnte sein Haupt gegen die seinen, duftenden Wände; hier konnte er gut hören, daß Lebewohl gesagt wurde, lebe wohl! Und er fühlte, daß die Rose ihren Platz an des jungen Mannes Brust erhielt. – O, wie schlug doch das Herz drinnen! Der kleine Elf konnte gar nicht einschlafen, so pochte es.

Aber nicht lange ruhte die Rose auf der Brust ungestört. Der Mann nahm sie hervor, und während er einsam in dem dunklen Walde ging, küßte er die Blume, o, so oft und so heftig, daß der kleine Elf fast erdrückt wurde. Er konnte durch das Blatt fühlen, wie die Lippen des Mannes brannten, und die Rose selbst hatte sich wie bei der stärksten Mittagssonne geöffnet.

Da kam ein anderer Mann, finster und böse; es war des hübschen Mädchens schlechter Bruder. Der zog ein scharfes Messer hervor, und während jener die Rose küßte, stach der schlechte Mann ihn tot, schnitt seinen Kopf ab und begrub ihn mit dem Körper in der weichen Erde unter dem Lindenbaume.

»Nun ist er vergessen und fort!« dachte der schlechte Bruder; »er kommt nie mehr zurück. Eine lange Reise sollte er machen, über Berge und Seen: da kann man leicht das Leben verlieren, und das hat er verloren. Er kommt nicht mehr zurück, und mich darf meine Schwester nicht nach ihm fragen.«

Dann scharrte er mit dem Fuße verdorrte Blätter über die lockere Erde und ging wieder in der dunklen Nacht nach Hause. Aber er ging nicht allein, wie er glaubte: der kleine Elf begleitete ihn. Der saß in einem vertrockneten, aufgerollten Lindenblatte, welches dem bösen Manne, als er grub, in die Haare gefallen war. Der Hut war nun darauf gesetzt; es war so dunkel darin, und der Elf zitterte vor Schreck und Zorn über die schlechte Tat.

In der Morgenstunde kam der böse Mann nach Hause; er nahm seinen Hut ab und ging in der Schwester Schlafkammer hinein. Da lag das schöne, blühende Mädchen und träumte von ihm, dem sie so gut war und von dem sie nun glaubte, daß er über Berge und durch Wälder ginge. Und der böse Bruder neigte sich über sie und lachte häßlich, wie nur ein Teufel lachen kann. Da fiel das trockene Blatt aus seinem Haare auf die Bettdecke nieder; aber er bemerkte es nicht und ging hinaus, um in der Morgenstunde selbst ein wenig zu schlafen. Aber der Elf schlüpfte aus dem verdorrten Blatte, setzte sich in das Ohr des schlafenden Mädchens und erzählte ihr, wie in einem Traume, den schrecklichen Mord; beschrieb ihr den Ort, wo der Bruder ihn erschlagen und seine Leiche verscharrt hatte; erzählte von dem blühenden Lindenbaume dich dabei und sagte: »Damit du nicht glaubst, daß es nur ein Traum ist, was ich dir erzählt habe, so wirst du auf deinem Bette ein verdorrtes Blatt finden!« Und das fand sie, als sie erwachte.

O, welche bittere Tränen weinte sie! Und niemandem durfte sie ihren Schmerz anvertrauen. Das Fenster stand den ganzen Tag offen: der kleine Elf konnte leicht zu den Rosen und all den übrigen Blumen in dem Garten hinausgelangen. Aber er konnte es nicht über sein Herz bringen, die Betrübte zu verlassen. Im Fenster stand ein Strauch mit Monatsrosen: in eine der Blumen setzte er sich und betrachtete das arme Mädchen. Ihr Bruder kam oft in die Kammer hinein. Und er war so heiter und so schlecht, sie aber durfte kein Wort über ihren Herzenskummer sagen.

Sobald es Nacht wurde, schlich sie sich aus dem Hause, ging im Walde nach der Stelle, wo der Lindenbaum stand, nahm die Blätter von der Erde, grub dieselbe auf und fand ihn gleich, der erschlagen worden war. O, wie weinte sie und bat den lieben Gott, daß auch sie bald sterben möge!

Gern hätte sie die Leiche mit sich nach Hause genommen, aber das konnte sie nicht. Da nahm sie das bleiche Haupt mit den geschlossenen Augen, küßte den kalten Mund und schüttelte die Erde aus seinem schönen Haar. »Das will ich behalten!« sagte sie. Und als sie Erde und Blätter auf den toten Körper gelegt hatte, nahm sie den Kopf und einen kleinen Zweig von dem Jasminstrauch, der im Walde blühte, wo er begraben war, mit sich nach Hause.

Sobald sie in ihrer Stube war, holte sie sich den größten Blumentopf, der zu finden war; in diesen legte sie des toten Kopf, schüttelte Erde darauf und pflanzte dann den Jasminzweig in den Topf.

»Lebe wohl! Lebe wohl!« flüsterte der kleine Elf; er konnte es nicht länger ertragen, all diesen Schmerz zu sehen, und flog deshalb hinaus zu seiner Rose im Garten. Aber die war abgeblüht; es hingen nur einige bleiche Blätter an der grünen Hagebutte.

»Ach, wie bald ist es doch mit all dem Schönen und Guten vorbei!« seufzte der Elf. Zuletzt fand er wieder eine Rose; die wurde sein Haus; hinter ihren feinen und duftenden Blättern konnte er hausen und wohnen.

Jeden Morgen flog er nach dem Fenster des armen Mädchens, und da stand sie immer bei dem Blumentopf und weinte. Die bitteren Tränen fielen auf den Jasminzweig, und mit jedem Tage, an welchem sie bleicher und bleicher wurde, stand der Zweig frischer und grüner da; der eine Schoß trieb nach dem anderen hervor; kleine weiße Knospen blühten auf, und die küßte sie. Aber der böse Bruder schalt sie und frug, ob sie närrisch geworden sei? Er konnte es nicht leiden und nicht begreifen, weshalb sie immer über dem Blumentopf weinte. Er wußte ja nicht, welche Augen da geschlossen und welche rote Lippen da zu Erde geworden waren. Und sie neigte ihr Haupt gegen den Blumentopf, und der kleine Elf von der Rose fand sie da schlummernd. Da setzte er sich in ihr Ohr, erzählte von dem Abend in der Laube, vom Duft der Rose und der Elfen Liebe. Da träumte sie so süß, und während sie träumte, entschwand das Leben: sie war eines stillen Todes erblichen; sie war bei ihm, den sie liebte, im Himmel.

Und die Jasminblume öffnete ihre großen weißen Glocken; sie dufteten so eigentümlich süß; anders konnten sie nicht über die Tote weinen.

Aber der böse Bruder betrachtete den schön blühenden Strauch, nahm ihn als ein Erbgut zu sich und setzte ihn in seine Schlafstube, dicht an sein Bett, denn er war herrlich anzuschauen und der Duft war so süß und lieblich. Der kleine Rosen-Elf folgte mit, flog von Blume zu Blume – in jeder wohnte ja eine kleine Seele – und erzählte von dem ermordeten jungen Manne, dessen Haupt nun Erde unter der Erde war, erzählte von dem bösen Bruder und der armen Schwester.

»Wir wissen es!« sagte eine jede Seele in den Blumen; »wir wissen es! Sind wir nicht aus des Erschlagenen Augen und Lippen entsprossen! Wir wissen es! Wir wissen es!« Und dann nickten sie so sonderbar mit dem Kopfe.

Der Rosen-Elf konnte es gar nicht begreifen, wie sie so ruhig sein könnten; und er flog hinaus zu den Bienen, die das Honig sammelten, und erzählte ihnen die Geschichte von dem bösen Bruder. Und die Bienen sagten es ihrer Königin, und diese befahl, daß sie alle nächsten Morgen den Mörder umbringen sollten.

Aber in der Nacht vorher – es war die erste Nacht, welche auf den Tod der Schwester folgte – als der Bruder in seinem Bette dicht neben dem duftenden Jasminstrauche schlief, öffnete sich ein jeder Blumenkelch, und unsichtbar, aber mit giftigen Spießen, stiegen die Blumenseelen heraus und setzten sich in sein Ohr und erzählten ihm böse Träume, flogen darauf über seine Lippen und stachen seine Zunge mit den giftigen Spießen. »Nun haben wir den Toten gerächt!« sagten sie und flogen zurück in des Jasmins weiße Glocken.

Als es Morgen war und das Fenster der Schlafkammer auf einmal aufgerissen wurde, fuhr der Rosen-Elf mit der Bienenkönigin und dem ganzen Bienenschwarm hinein, um ihn zu töten.

Aber er war schon tot; es standen Leute rings um das Bett und sie sagten: »Der Jasminduft hat ihn getötet!«

Da verstand der Rosen-Elf der Blumen Rache, und er erzählte es der Königin der Bienen, und sie summte mit ihrem ganzen Schwarm um den Blumentopf. Die Bienen waren nicht zu verjagen. Da nahm ein Mann den Blumentopf fort, und eine der Bienen stach seine Hand, so daß er den Topf fallen und zerbrechen ließ.

Da sahen sie den bleichen Totenschädel, und sie wußten, daß der Tote im Bette ein Mörder war.

Und die Bienenkönigin summte in der Luft und sang von der Rache der Blumen und von dem Rosen-Elf, und daß hinter dem geringsten Blatte Einer wohnte, der das Böse erzählen und rächen kann!

Friedrich Rückert (1788 – 1866)

Die Nachtigall sang,
Und die Ros' entsprang,
Und hätte die nicht gesungen,
So wäre sie nicht entsprungen.

Und die Ros' entsprang,
Und die Nachtigall sang,
Und wäre die nicht entsprungen,
So hätte sie nicht gesungen.

Die Nachtigall sang,
Weil die Ros' entsprang,
Doch ist die Rose entsprungen,
Weil Nachtigall hat gesungen.

Horace Scudder (1864 – 1902)
Die beiden Rosen

Im Garten der Prinzessin stand ein Rosenstrauch, der über einem Teich hing; an einem Zweig befanden sich zwei Rosenknospen, und seitdem sie ihre Blütenblätter entfaltet hatten und die Welt betrachteten, waren sie ineinander verliebt. Tagein, tagaus schauten sie ins Wasser und einander an, oder vielmehr schauten sie das Spiegelbild des anderen an; doch das bedeutete schon einiges und war alles, was sie tun konnten, denn es war den Rosenknospen unmöglich, den Kopf zu bewegen.

Eines Tages sahen sie, wie der Gärtner eine andere Rosenknospe, die unter ihnen hing, aber keinen Gefährten hatte, vom Strauch abschnitt.

»Das könnte einem von uns auch passieren«, sagte der Rosenjüngling angstvoll. »Ich könnte es nicht ertragen, von dir getrennt zu sein, und der Gärtner wird dich sicherlich zuerst abpflücken, denn du bist so wunderschön.«

»Das darf nicht geschehen«, sagte die Rosenjungfrau; »wir sind beide an einem Ast, und er wird uns niemals trennen. Wir werden auf immer an diesem Strauch bleiben, und ich werde dein Gesicht im Wasser betrachten.«

»Ihr habt von nichts eine Ahnung«, machte sich ein Dorn am Ast scharf bemerkbar. »Glaubt ihr wirklich, daß ihr ewig so albern ins Wasser schauen werdet? Auf gar keinen Fall! Denn wenn eure Köpfe nicht wie der eures Nachbarn gerade eben abgeschlagen werden, dann werdet ihr eines Tages in eure Bestandteile zerfallen und in das schmutzige Wasser fallen, und dort wird dann ein Ende sein mit all eurem feinen Unsinn.«

»Wir wollen ihm keinen Glauben schenken«, sagte die Rosenjungfrau.

»Das werde ich auch nicht«, sagte ihr Gegenüber; »es wird niemals geschehen, daß wir so unglücklich sein werden. Doch ich wollte, ich könnte dir näher sein, um dich zu berühren; dann wäre ich vollkommen glücklich; doch im Augenblick kann ich dich nur im Wasser betrachten.«

Der nächste Tag war wunderschön, und frühmorgens fühlte sich die Rosenjungfrau so angenehm von der Sonne gewärmt, daß sie ihre Blütenblätter immer weiter öffnete, bis sie alle anderen Rosenblüten bei weitem an Schönheit übertraf. Und das dachte auch ihr Geliebter, als er ins Wasser blickte, doch er konnte ihr nicht näherkommen. Es war noch immer frühmorgens, als der Gärtner wieder zum Strauch kam; er näherte sich von hinten, und sie konnten ihn nicht sehen, doch bald sah der Rosenjüngling im Wasser die Bewegung einer Hand. Schnipp!

Und anstatt zweier Rosen, die aus dem Wasser blickten, sah er nur noch sich selber; der Gärtner hatte seine Freundin abgeschnitten.

»Hab' ich es dir nicht gesagt!« ließ sich die rauhe Stimme des Dorns vernehmen, welcher zuvor schon gesprochen hatte. »Ich wußte, daß sie als nächste dran sein würde. Und wirst du nun den ganzen Tag in die Pfütze gucken? Ich wünsch' dir viel Vergnügen.«

Unten am Rosenstrauch lebte ein Schneckerich ganz für sich allein in seinem Haus; nichtsdestoweniger war er sehr an der Liebesaffäre der beiden Rosen interessiert; er hatte ihnen gelauscht, wenn sie miteinander geflüstert hatten, und da er viel älter als sie war und keine eigenen Kinder hatte, hatte er sich entschlossen, sich ihren Onkel zu nennen und auf ihr Wohlergehen achtzugeben; doch es war zu schade, daß die Rosen zu sehr damit beschäftigt waren, sich gegenseitig im Wasser zu betrachten, so daß sie niemals ihren Onkel zu Gesicht bekamen, und er hatte es noch nicht gewagt, sie durch seine Rede zu unterbrechen; und nebenbei bemerkt, war er zu sehr daran interessiert, sie zu beobachten. Doch jetzt fühlte der Schneckerich, daß es seine Pflicht sei zu sprechen, und er dachte, es wäre ein guter Zeitpunkt, sein Verwandtschaftsverhältnis zu verkünden. So hob er denn an zu sprechen, wobei er sich etwas aus seinem Haus reckte, damit seine Stimme besser zu vernehmen sei.

»Mein lieber junger Freund dort oben am Rosenstrauch, du wirst es wohl nicht wissen, doch ich bin dein Onkel. Das heißt, eigentlich habe ich dich als meinen Neffen adoptiert, so wie ich deine Freundin, welche du liebst, adoptiert habe. Ich bin nicht euer Onkel aus Blutsverwandtschaft, um genau zu sein, obwohl ich eure Mutter sehr gut kannte. Ich bin ein alter Herr, und ich bin sicher, du wirst mir vergeben, doch ich mache mir große Sorgen um deine Freundin. Wohin hat der Gärtner sie diesen Morgen gebracht und wie bald wird er kommen, um dich zu holen, denn ich nehme an, ihr wollt heiraten? Sprich dich aus! Du brauchst dich nicht zu schämen, über solche Dinge zu einem alten

Herrn wie mir zu sprechen, und außerdem bin ich dein Onkel; das heißt, so nenne ich mich.«

Der Rosenjüngling hörte sich das alles an, doch er konnte den Schneckerich, seinen Adoptivonkel, nicht sehen; aber der Schneckerich sprach freundlich, und darum antwortete er: »Ach mein verehrter Herr, mein guter Onkel, wenn ich Sie so nennen darf ...« (»Ja, ja«, brach es aus dem entzückten Schneckerich hervor, »sicherlich, sicherlich!«) »wenn ich es nur wüßte! Doch ich werde sie nie wiedersehen!«

»Ach herrje!« sagte der alte Herr, der vor Verwunderung beinahe aus seinem Haus rutschte; »du willst doch wohl nicht damit sagen, daß du nicht weißt, wo sie ist, und daß der Gärtner dir nichts darüber gesagt hat?«

»Oh, hätte er doch nur!« sagte der Rosenjüngling voller Trauer.

Der Schneckerich war verblüfft. »Herrje!« sagte er noch einmal, wobei er sich fast überanstrengte, aus seinem Haus zu kommen; »das gibt's ja gar nicht! Ich dachte, das wäre alles in Ordnung. Ich muß sofort mit dem Gärtner sprechen. Ich kenne ihn sehr gut, und ich kann dir versichern, daß ich nicht eher ruhen werde, als bis alles zu meiner Zufriedenheit geregelt ist. Sei frohen Mutes und alles wird gut gehen! Vertraue auf deinen Onkel; das heißt, so nenne ich mich. Auf Wiedersehen!« Und schon machte sich der Schneckerich auf den Weg zum Gärtner, oder, falls er ihn nicht anträfe, zur Prinzessin selber, obwohl er davon gegenüber dem Rosenjüngling nichts erwähnt hatte, aus Furcht, daß es vermessen erscheinen könnte. Er mußte sein Haus mitschleppen, was jedoch praktischer als sonst war, da er voraussichtlich mehrere Nächte unterwegs verbringen mußte.

In der Zwischenzeit hatte der Gärtner die Rosenjungfrau zur Prinzessin gebracht. Sie war im Begriff, sich an diesem Tage zu verheiraten, und es war ihr Wunsch, eine Rosenblüte - die allerschönste im ganzen Garten - an ihrem Busen zu tragen. Zur Hochzeit war der gesamte Hofstaat anwesend, so wie sie es angeordnet hatte, und jeder,

der wollte, konnte ein Geschenk mitbringen. Fast jeder brachte irgend etwas, - irgend etwas Wertvolles, - und ganz zuletzt kam ein armer Dichter. Der Zeremonienmeister hätte ihn beinahe wieder vor die Türe gesetzt, denn er war ärmlich gekleidet, doch die Prinzessin streckte ihm die Hand entgegen.

Der Dichter errötete, aber er legte die Hand an seinen Busen und brachte ein kleines Gedicht zum Vorschein, in köstlicher Schrift auf cremefarbenem Papier, doch das, was darauf geschrieben war, war noch um vieles schöner. »Ich habe nichts, was ich verschenken könnte, Hoheit«, sagte er, »außer meiner eigenen Phantasie. Andere Reichtümer besitze ich nicht.«

Die Prinzessin besah sich das Gedicht und die letzte Perle, die ihr geschenkt worden war; dann nahm sie die Rosenblüte von ihrem Busen und gab sie dem Dichter mit den Worten: »Du hast ein Stück von dir selbst gegeben; um dir zu danken, muß ich dir ebenfalls ein Geschenk wie deines machen. Du bist ein Dichter und hast Phantasie, aber ich bin nur eine Prinzessin; du sollst etwas haben, das ich getragen habe.«

Der Dichter ging heim in seine kleine Stube und trug die Rose bei sich. »Sie wird bald verblühen«, sagte er, »doch ich werde niemals vergessen, wie sie duftet, noch wie sie aussah, als die Prinzessin sie mir überreichte«; und er preßte sie, um sie vor dem Zerfall zu bewahren. Er machte ein kleines Buch zu dem Zweck, sie aufzubewahren, und schrieb darunter ihre Geschichte in Versen, welche besagten, daß sie der Lohn für seine Kunst war, und zeichnete eine blaue Linie um die Seite. Die Rose brannte darauf, ihm ihre Geschichte zu erzählen, doch sie vermochte es nicht, und außerdem war sie einer Ohnmacht nahe.

Das alles geschah natürlich lange, bevor der Schneckerich bei der Prinzessin ankam, oder beim Gärtner, denn er suchte beide auf. Er war bereits zwei Tage und zwei Nächte unterwegs, und das Ende wäre noch nicht in Sicht gewesen, wenn er nicht auf eine Schubkarre geklettert wäre, von der er wußte, daß sie der Gärtner bald benutzen würde. So rollte ihn denn der Gärtner, zusammen mit einigen Topfpflanzen, bis ganz nahe an die Tür des Palastes, nur wäre der alte Herr beinahe wieder mit zurückgerollt worden, so lange dauerte es, bis er sich und sein Haus auf den Boden gebracht hatte. Doch dann war er da, und innerhalb weniger Stunden war er an der Türschwelle, obwohl er sich dann etwas verwirrt fühlte, welche Richtung er denn nun einschlagen sollte.

Ein Mädchen kam singend an die Tür. Es war Bertha, die Tochter des Gärtners; und obwohl sie nicht in einem Palast wohnte und keine Kammerjungfer hatte, sie zu bedienen, war sie doch genauso schön wie die Prinzessin, die wirklich sehr freundlich zu Bertha war. Das Mädchen hielt in seinem Lied inne, denn sie erblickte den Schneckerich, und sie hob ihn auf und steckte ihn in ihre Tasche, denn sie dachte, daß er ein nettes Spielzeug für ihren kleinen Bruder sei. Sie ging durch den Garten und kam zu dem Rosenstrauch, der über dem Wasser hing. Auch sie blickte einen Augenblick lang in den Teich und errötete; sie wollte sehen, ob sich das Wasser kräuselte, denn das war ein Zeichen, daß ihre Liebe nicht ohne Probleme verlief; doch das Wasser kräuselte sich nicht, und sie lachte auf und, indem sie sich zu dem Strauch umwandte, pflückte sie eine Rose. Es war der einsame Rosenjüngling, der seine Gefährtin verloren hatte. »Ob sie Anton wohl besser in meinem Haar oder an meinem Busen gefällt?« fragte sie sich und steckte sich die Rose an ihren Busen und ging auf den Wald zu.

»Nun bin auch ich abgepflückt«, sagte der Rosenjüngling zu sich. »Besser so! Ich hätte sowieso nicht allein leben können, und wer weiß, vielleicht werde ich ja wieder mit ihr vereinigt, wie mein Onkel, wie er sich nennt, meinte.« Der Schneckerich, auf dem Grunde von Berthas Tasche, hörte dies, doch leider, obwohl er sprach, und er sprach zuversichtlich, war es unmöglich, sich Gehör zu verschaffen. Der Dorn an dem Rosenstrauch, der sich bereits zweimal geäußert hatte, sah, wie der Rosenjüngling abgepflückt wurde.

»So, jetzt hat's dich also auch erwischt?« sagte er höhnisch. »Auf Wiedersehen! Meine Empfehlung an die Liebste, falls du sie wiedersiehst!«

Der Abend kam und es wurde still. Bertha kam aus dem Wald und Anton war bei ihr, - Anton, der Dichter; doch sie hatte die Rose nicht; er hielt sie in seiner Hand; die andere Hand hielt die ihre. Sie trennten sich am Haus des Gärtners, und der Dichter ging heim; er ging am Palast vorüber und sah die Prinzessin darin; sie tanzte, und die Juwelen an ihr blitzten. Er lächelte vor sich hin. »Sie hat ihre Juwelen«, sagte er, »doch ich habe die Rose.«

In seinem Stübchen dann öffnete er das Buch, welches er gemacht hatte, um die Rose der Prinzessin darin aufzubewahren. »Der Lohn meiner Kunst«, las er in den Zeilen darunter; und auf die gegenüberliegende Seite preßte er die neue Rose und schrieb darunter ›Der Liebe Gunst‹ und zog eine rote Linie rundherum.

Als er dort stand und die beiden betrachtete, fiel etwas auf den Tisch. Es war der Schneckerich, der alte Herr, welcher sich der Onkel der beiden nannte. Er war mitsamt seinem Haus aus Berthas Tasche gekrochen, als sie mit Anton unter den Bäumen saß, und hatte sich an Antons Jacke festgehalten, denn er wollte bei der Rose bleiben. Der Dichter entfernte ihn nicht, denn er mochte Schnecken. Er stand dort und betrachtete die Rosen. Die Rosenjungfrau war immer noch bei Bewußtsein, doch sie war schon sehr schwach. Sie erkannte ihren Geliebten, und er erkannte sie. »Nun werden wir niemals mehr getrennt werden!« sagten sie zueinander; und der Schneckerich sah alles und war vollkommen zufrieden.

»Ich wußte, daß alles gutgehen würde«, weinte er. »Ihr habt meinen Segen, Kinder, denn ich habe das Recht, ihn zu erteilen. Ich bin euer Onkel; das heißt, so nenne ich mich.«

Der Dichter schloß das Buch.

»Nun endlich berühre ich dich«, sagte der Rosenjüngling.

Theodor Storm (1817 – 1888)
Die Nachtigall

Das macht, es hat die Nachtigall
Die ganze Nacht gesungen;
Da sind von ihrem süßen Schall,
Da sind in Hall und Widerhall
Die Rosen aufgesprungen.

Sie war doch sonst ein wildes Kind;
Nun geht sie tief in Sinnen,
Trägt in der Hand den Sommerhut
Und duldet still der Sonne Glut
Und weiß nicht, was beginnen.

Das macht, es hat die Nachtigall
Die ganze Nacht gesungen;
Da sind von ihrem süßen Schall,
Da sind in Hall und Widerhall
Die Rosen aufgesprungen.

Hans Christian Andersen (1805 – 1875)
Eine Rose von Homers Grab

In allen Liedern des Orients erklingt die Liebe der Nachtigall zur Rose; in den schweigenden, sternklaren Nächten bringt der beschwingte Sänger seiner duftenden Blume eine Serenade.

Nicht weit von Smyrna unter den hohen Platanen, wo der Kaufmann seine beladenen Kamele treibt, die stolz ihre langen Hälse erheben und schwerfällig auf einem Boden wandeln, der heilig ist, sah ich eine blühende Rosenhecke, wilde Tauben flogen zwischen den Zweigen der hohen Bäume hindurch, und ihre Flügel leuchteten, als wären sie von Perlmutt.

Auf der Rosenhecke war eine Blume die schönste unter allen, und ihr sang die Nachtigall ihren Liebesschmerz vor. Doch die Rose schwieg; nicht ein Tautropfen lag, wie eine Träne des Mitleids, auf ihren Blättern. Sie neigte sich mit dem Zweige hin über einige große Steine.

»Hier ruht der Erde größter Sänger!« sagte die Rose, »über seinem Grabe will ich duften, auf dieses will ich meine Blätter streuen, wenn der Sturm sie mir entreißt. Der Sänger der Iliade wurde Erde in der Erde, aus der ich spross. Ich, eine Rose von dem Grabe Homers, bin zu heilig, um für die arme Nachtigall zu blühen!«

Und die Nachtigall sang sich zu Tode!

Der Kameltreiber kam mit seinen beladenen Kamelen und seinen schwarzen Sklaven. Sein kleiner Knabe fand den toten Vogel; den kleinen Sänger bestattete er in dem Grabe des großen Homers; und die Rose bebte in dem Winde. Der Abend kam, die Rose faltete ihre Blätter dichter zusammen und träumte, träumte - es wäre ein herrlicher Sonnenscheintag; eine Schar fremder, fränkischer Männer kam, sie hatten eine Wallfahrt zum Grabe Homers unternommen. Unter den Fremden war ein Sänger aus dem Norden, aus der Heimat der Nebel und Nordlichter. Er brach die Rose ab, preßte sie fest in ein Buch und führte sie so mit sich nach einem anderen Weltteil, nach seinem fernen Vaterlande. Und die Rose verwelkte aus Trauer und lag in dem engen Buche, das er in seiner Heimat öffnete. Dann sagte er: »Hier ist eine Rose vom Grabe Homers!«

Sieh, das träumte die Blume, und sie erwachte und schauderte im Winde. Ein Tautropfen fiel von ihren Blättern auf des Sängers Grab. Und die Sonne erhob sich, der Tag ward heiß, und die Rose erglühte schöner als zuvor, sie war ja in ihrem warmen Asien. Da ließen sich Fußtritte vernehmen, fremde Franken kamen, wie die Rose sie in ihrem Traume gesehen hatte, und unter den Fremden war ein Dichter aus dem Norden. Er brach die Rose, drückte einen Kuß auf ihren frischen Mund und führte sie mit sich nach der Heimat der Nebel und Nordlichter.

Wie eine Mumie ruht jetzt die Blumenleiche in seiner Iliade, und wie im Traume hört sie ihn das Buch öffnen und sagen: »Hier ist eine Rose vom Grabe Homers!«

Robert Reinick (1805 – 1852)
Der Rosenstrauch

In einem stillen Waldtale stand ein kleines Haus, das war so freundlich, daß jedes Jahr im Frühling die Schwalben hingeflogen kamen und ihre Nester an dem Fenstergebälke bauten, da, wo der Weinstock, der um die Fenster herum gewachsen war, ihnen dazu Platz ließ. Neben diesem Hause war ein Gärtchen, eng und schmal, aber hübsch und heimlich; darin blühte ein Rosenstrauch auf einem Platze, wie ihn ein Rosenstrauch sich nur wünschen kann. Die Erde, worin er wuchs, war so recht fett und schwarz; im Frühling blühten um ihn herum Primeln und Veilchen, im Sommer Levkojen und Lavendel, mit denen konnte er sich unterhalten, so viel er Lust hatte. Auch stand ein dichter Fliederbusch nicht weit davon, darin hatten Vögel ihre Nester, und hinter dem Fliederbusch am Bache stand ein hölzerner Schuppen mit sechs Bienenstöcken, die waren voller Bienen. Da sangen und summten die Vögel und Bienen und machten Musik von morgens früh bis abends spät; es war eine rechte Freude, das anzuhören. Was aber dem Rosenstrauche ganz besonders gefallen konnte, das war das blonde Anne-Mariechen, das in dem kleinen Hause wohnte. Anne-Marie pflegte ihn gerade, als wäre er ihr Kindchen. Morgens, wenn sie frisch gewaschen und glatt gekämmt in den Garten kam, da war das erste, was sie tat, daß sie ihren lieben Rosenstock begoß, ihm die Raupen ablas, ihm die vertrockneten Blätter abstreifte, und wenn irgend eine Brennessel oder sonst ein häßliches Unkraut über Nacht in seiner Nähe aufgeschossen war, riß sie es aus und warf es über den Zaun. Dafür schenkte ihr der Rosenstock denn auch, wenn seine Blütezeit war, die schönsten Knospen. Das sah einmal hübsch aus, wenn Anne-Mariechen sonntags, wenn sie zur Kirche ging, sich die Rosen an ihr himmelblaues Brusttuch steckte; und wenn sie abends im Schatten des Fliederbusches neben ihrem lieben Rosenstocke saß, ihre Lieder sang und dann wieder ab und zu ihr kleines, weißes Näschen tief, tief in die Rosen hineinstecke, um sich an ihrem Geruche zu ergötzen, da waren beide, der Rosenstock und Anne-Mariechen, so vergnügt und still zufrieden, wie man es nur irgend sein kann. –

So ging das Ding eine Zeitlang fort, bis einmal ein fremder Vogel in den Garten geflogen kam; der setzte sich auf den Gartenzaun und sang dem Rosenstrauche ein noch nie gehörtes Lied vor. Er erzählte, wie schön es weit fort außerhalb des Waldes sei: Da stände ein prächtiges Königsschloß, und neben dem Schlosse wäre ein herrlicher Garten; in dem Garten wüchsen keine Primeln und kein Thymian, kein Aurikel und kein Lavendel -–nein! – da ständen die schönsten Blumen aller Art gerade so stolz und schön wie die Fräulein, die in dem Garten immer herumspazierten, und da rieselte auch nicht ein gewöhnlicher Bach, - nein! – hohe Springbrunnen plätscherten dort in marmornen Becken, und statt der Nachtigallen im Fliederbusche plapperten dort grüne und rote Papageien in zierlichen Vogelhäusern.

Der Rosenstrauch konnte sich an dem Liede nicht satt hören. »Was meinst du,« fragte er den Vogel, »würde ich in den Garten wohl hinpassen?«

»Warum denn nicht«, antwortete der Vogel. »Du bist schöner als viele andere Blumen in der Welt, und außerdem gehörst du auch gar nicht hierher unter die erbärmlichen Primeln und Levkojen. Da drüben, da drüben, da gehörst du hin, da ist de rechte Platz für dich!«

»Aber das Anne-Mariechen!« rief der Rosenstock und schüttelte bedenklich seine Zweige. »Das pflegt mich, und ich habe es so lieb!«

»Ach was! Anne-Mariechen hin, Anne-Mariechen her! Da drüben ist ein gelehrter Kunstgärtner und sechs Gehilfen, die werden dich ganz anders warten und hüten, und die schönen Fräulein, die wirst du erst recht lieb gewinnen, wenn du ihre seidenen Kleider und ihre feinen Gesichter siehst. Die werden auch nicht immer deine Knospen brechen und dich mit Riechen inkommodieren, wie das einfältige Anne-Mariechen in ihrem Leinenröckchen, mit den braunen Fingern und dem Stumpfnäschen, - die sehen dich nur an und machen Gedichte an dich, und singen dir Lieder vor, wie kein Vogel, keine Biene und kein Bauernkind es vermag.«

»Ach, das muß prächtig sein!« rief der Rosenstrauch, »da muß ich hin, es mag werden, wie es will!«

»So ist's recht!« rief der Vogel, »also auf baldiges Wiedersehen!« und damit flog er fort.

Aber dem Rosenstrauche war es, als höre er immer noch den Wundersang Tag und Nacht, und er sehnte sich fort, fort von hier in den schönen Garten. Und er klagte den Blumen umher sein Leid, doch sie alle, groß und klein, flüsterten: »Gar schön ist's hier, beim lieben Anne-Mariechen.« Und er fragte die Bienen, die summten und brummten: »Nein, nein! Bleibe hier, beim Anne-Mariechen!« und den Vögeln im Fliederbusche klagte er auch, und sie sangen lustig und laut: »Wie schön ist's hier! Bleib' hier, bleib' hier!«

Doch der Rosenstrauch war gar töricht, er hörte nicht auf den Rat seiner Freunde, die es so gut mit ihm meinten; er sah gar nicht mehr, wie schön alles um ihn her war, merkte kaum auf Anne-Mariechens zärtliche Pflege; alle seine Gedanken und Wünsche flogen zum schönen Garten hinüber. Und er bat den Bach: »O, nimm mich mit und bringe mich zum Königsgarten.« Aber die Wellen rauschten: »Nein, nein! Das kann nicht sein! Bleib' hier, bleib' hier beim Anne-Mariechen!«

Und der Vogel kam wieder und wieder und sang die lockende Weise, und der Rosenstrauch ward immer trauriger und bat wieder und wieder den Bach: »O, nimm mich mit, nimm mich mit!« - -

Es war Sommer, und heiße Tage kamen; die Sonne brannte und alles schmachtete nach Frische und Kühlung. Der Rosenstock konnte wohl zufrieden sein, denn reichlich waren seine Wurzeln mit Wasser getränkt vom kleinen Anne-Mariechen, die es mühsam geschöpft, denn der Bach war fast vertrocknet bei der großen Hitze; aber dennoch ließ der Rosenstrauch die Blätter und Knospen hängen und war gar traurig, und Anne-Mariechen wurde es mit ihm. Sie konnte nicht begreifen, warum er nicht lustig fortgrünte und blühte, tat sie ihm doch alles Liebe und Gute. Noch vor Schlafengehen brachte sie ihm wieder Wasser und sah ihn lange und nachdenklich an.

Und in der Nacht zog ein entsetzliches Wetter herauf. Der Sturm sauste durch die Luft, Blitze fuhren durch die Dunkelheit, der Donner krachte unaufhörlich, und dann rauschte mächtiger Regen nieder. Der Bach schwoll an, und seine Wellen jagten eilig am Rosenstrauch vorüber. Da rief er: »Jetzt nimm mich mit, nimm mich mit! Bringe mich zum

Königsgarten!« – In demselben Augenblicke ging die Tür des kleinen Hauses auf, und Anne-Mariechen erschien in derselben. Sie wollte sehen, ob das Unwetter ihrem lieben Rosenstrauche nicht zu weh täte. Ein heller Blitzstrahl zeigte ihre kleine Gestalt im leichten Röckchen, ihr angstvolles Gesichtchen – aber Sturm und Regen tobten gar zu arg und jagten sie zurück ins Haus. Und die Wellen riefen: »Bleibe hier, bleibe hier, beim Anne-Mariechen!« Aber der Rosenstrauch bat und flehte, immer mehr und mehr und immer heftiger und dringender, und da war der Bach zornig: »Jetzt hab' ich's satt«, rief er, »so komm' denn mit, du Tor, wenn du durchaus es willst.« Und er riß den Strauch mit allen Wurzeln aus dem Boden; heftiger Schmerz durchzuckte seine Zweige, Blätter, Blüten und Knospen, und er ächzte tief auf; - der Bach aber riß ihn mit fort, weit fort, in die ferne Welt hinaus!

Das Gewitter war vorüber, die Nacht tief dunkel, und auf den schäumenden Wellen fuhr der Rosenstrauch weiter und weiter. Es ward im angst und bange, und er rief den Wellen zu: »Nicht so schnell« – und dann in steigender Furcht: »O, bringt mich zum Anne-Mariechen!« Aber der Bach rauschte: »Du hast es gewollt!« und rauschte weiter, immer weiter.

Da endlich kam der Morgen. Der Lauf des Baches ward allmählich langsamer, und plötzlich fühlte der Rosenstock einen Halt am Ufer; er lag am Fuße einer kleinen Brücke. Leicht schwang sich ein feiner Bogen mit zierlichem Geländer über den Bach, ganz anders als der kleine Steg an Anne-Mariechens Häuschen. Die Sonne ging auf in stiller Pracht, und der Rosenstock schaute erstaunt um sich, - welch glitzernde, strahlende Herrlichkeit umgab ihn! Ja! Das war der Königsgarten, von dem ihm der Vogel erzählt. In der Ferne sah er das prächtige Schloß, ringsum den herrlichen Garten mit feinen Blumen, Springbrunnen und Wundervögeln, und auf allen Bäumen, Sträuchern, Blumen glänzten Tausende von Diamanten, die Regentropfen der Nacht, im Sonnenschein. Der Rosenstock war voller Freude und Bewunderung;

aber bald überkam ihn ein Gefühl der Trauer und des Zagens. O, wie einsam und verlassen lag er hier. Er sah flinke Gärtnerburschen in zierlicher Kleidung, die hier eine vom Sturm gebeugte Blume aufbanden, dort abgebrochene Zweige sammelten, aber niemand kümmerte sich um ihn; - fern war das Kind, das ihn so treu gepflegt, so sehr geliebt! – Und wie klein, wie unbedeutend fühlte er sich in der ihn umgebenden Pracht! –

So verging Stunde auf Stunde; immer trauriger ward der arme Rosenstrauch. Sollte er hier im Anschauen der ersehnten Herrlichkeit verschmachten? O, wenn der Bach ihn wieder mitnähme und brächte ihn zu Anne-Mariechen! Aber der Bach hörte nicht auf sein Seufzen; er tat, als kenne er ihn nicht mehr, und lief eilig vorüber.

Da plötzlich sah der Rosenstock zwei schlanke Mädchengestalten vom Schlosse her kommen. Ein kleines Windspiel lief vor ihnen her, umkreiste sie spielend in zierlichen Sprüngen und kehrte dann wieder liebkosend zur schönen Herrin zurück. Ja! Das waren die Königsfräulein, mit den seidenen Kleidern und den feinen Gesichtern, von denen der Vogel erzählt hatte; glitzerten doch auch ihre langen Locken im Sonnenschein wie lauteres Gold. »Sie werden mich finden, mich aufnehmen und mich pflegen«, so hoffte er. Das Hündchen kam heran, beschaute und beroch den Gast aufmerksam und schoß wieder weiter; doch auch die schönen Fräulein kamen näher und näher. Jetzt betraten sie die Brücke und schauten ringsum, als sie oben standen. Da rief die Größere: »O sieh', der schöne Rosenstock! Wo mag der herkommen? Ich will es dem Gärtner sagen, der soll ihn einpflanzen.« – Und sie gingen vorüber!« Wie wäre das Anne-Mariechen zu seiner Hilfe herbeigesprungen, hätte es nicht geachtet, wenn die Dornen ihre Fingerchen gestochen, ihr Kleidchen zerrissen. Der arme Rosenstrauch war gar traurig!

Bald kam nun ein munterer Gärtnerbursche und nahm ihn mit zu seinem Herrn, dem Obergärtner, und der sagte: »Es ist ein guter Rosenstrauch; wir können ihn gebrauchen. Pflanze ihn ein, hier nahe beim Springbrunnen. Aber der Rosenstrauch muß anders werden. Ich will ihn beschneiden, und er soll künftig nicht nur hellrote, sondern auch weiße, gelbe und dunkelrote Blüten tragen.«

Und so geschah es. Die Zweige wurden gestutzt, andere Triebe künstlich eingesetzt. Mit neuen Augen schaute nun der Rosenstrauch um sich, aber fröhlich konnte er nimmer werden. Wohl war es schön um ihn her, - aber die Lieder, die der Springbrunnen neben ihm sang, waren immer die gleichen, einförmig und langweilig; die fremden Blumen umher erzählten einander von ihrer fremden Heimat gar seltsame Geschichten. Der Rosenstock aber wollte nichts lieber hören als von Anne-Mariechen im stillen Waldtale, und davon wußten sie nichts, und wenn er ihnen von dort erzählte, so hörten sie kaum zu. Und die anderen Rosen, seine schönen Schwestern, die im Garten standen, kümmerten sich auch nicht um ihn. Und selbst die bunten Vögel mit ihren Wunderliedern und ihrer gelehrten Sprache machten ihm keine Freude. Er wurde achtsam gepflegt, man ließ es ihm an nichts fehlen; auch die schönen Königsfräulein kamen öfter in den Garten, gingen an ihm vorüber, sahen auch wohl mit freundlich teilnehmenden Blicken auf ihn; - aber sie liebten ihn nicht wie's Anne-Mariechen! An die dachte er Tag und Nacht. Er wußte es nur zu gut, das Kind auch sehnte sich nach ihm und trauerte wohl gar um ihn! Fast weinte er sich die Augen aus, ward welk und krank.

Und eines Morgens kam der Gärtnerbursche, riß den armen Rosenstrauch aus dem Boden und warf ihn zum Garten hinaus. Da lag er nun verschmachtend an der Mauer, und seine dürren Zweiglein flüsterten noch traurig: »O, Anne-Mariechen, wäre ich bei dir geblieben!«

Friedrich Gottlieb Klopstock (1724 – 1803)
Das Rosenband

Im Frühlingsschatten fand ich sie;
Da band ich sie mit Rosenbändern :
Sie fühlt' es nicht, und schlummerte.

Ich sah sie an; mein Leben hing
Mit diesem Blick an ihrem Leben:
Ich fühlt' es wohl, und wußt es nicht.

Doch lispelt ich ihr sprachlos zu
Und rauschte mit den Rosenbändern:
Da wachte sie vom Schlummer auf.

Sie sah mich an; ihr Leben hing
Mit diesem Blick an meinem Leben,
Und um uns wards Elysium.

Theodor Strom (1817 - 1888)
Späte Rosen

Ich befand mich in der Nähe einer norddeutschen Stadt auf dem Landhause eines Freundes. Wir hatten einen großen Teil der Jugend zusammen verlebt, bis wir fast am Schlusse derselben durch die Verschiedenheit unseres Berufes getrennt wurden. Während der zwanzig Jahre, in denen wir uns nicht gesehen, war er der Chef eines von ihm gegründeten bedeutenden Handlungshauses geworden; mich hatten die Verhältnisse in die Fremde getrieben und dort für immer festgehalten. Jetzt war ich endlich einmal wieder in der Heimat.

Die Frau des Hauses hatte ich bisher noch nicht gekannt. - Sie war nicht jung mehr; aber in ihren Bewegungen war noch die Leichtigkeit der Jugend, und ihre ruhig blickenden Augen waren noch von einer kindlichen Klarheit. Es herrschte zwischen diesen beiden Menschen, wie ich bald zu bemerken Gelegenheit hatte, eine gegenseitige fast bräutliche Rücksichtnahme. Wenn sie zum Frühstück frisch gekleidet in den Saal trat, suchten ihre Augen zuerst nach ihm und taten an die seinen die stille Frage, ob sie ihm so gefalle. Dann verschwand für einen Augenblick die tiefe Falte von seiner Stirn, und er empfing ihre dargereichte Hand, als werde sie erst eben ihm geschenkt. Mitunter, wenn er in seinem Arbeitskabinett am Schreibtische saß, trat sie aus ihrem Wohnzimmer oder aus dem davorliegenden Gartensaal und setzte sich schweigend neben ihn; oder sie war ungesehen hinter seinen Stuhl getreten und legte still die Hand auf seine Schulter, als müsse sie ihn versichern, daß sie in seiner Nähe, daß sie für ihn da sei.

Es war im Oktober an einem klaren Nachmittag. Mein Freund war eben, nach Beendigung seiner Geschäfte, aus der Stadt zurückgekehrt, und wir saßen nun, die alte Zeit beredend, auf der breiten Terrasse vor dem Hause, von der man über den tiefer liegenden Garten und über eine daran grenzende grüne Wiesenfläche auf das dunkle Wasser der Ostseebucht und jenseits dieser auf sanft ansteigende Buchenwälder hinaussah, deren Laub sich schon zu färben begann. Dies alles und der tiefblaue Herbsthimmel darüber war von den hohen Pappeln, die zu beiden Seiten der Terrasse standen, wie von dunkeln Riesenkulissen eingefaßt. - Die Frau meines Freundes war, ihr jüngstes Töchterchen an der Hand, aus der offenen Flügeltür des Gartensaales getreten und mit einem stillen Lächeln an uns vorübergegangen; sie wollte sich nicht in unsere Schattenwelt drängen, an der sie keinen Teil hatte. Nun stand sie mit dem Kinde auf dem Arm am Rande der Terrasse und blickte einem vorüberziehenden Dampfschiffe nach, dessen Rädergebrause schon eine Zeitlang die Stille der Landschaft unterbrochen hatte. Ihre hohe Gestalt, die Umrisse ihres edlen Kopfes hoben sich deutlich gegen den dunklen Himmel ab.

Unser beider Augen mochten ihr unwillkürlich gefolgt sein, denn das Gespräch verstummte. Ich langte gedankenlos nach den Trauben, die in einer Kristallschale vor uns auf dem Marmortisch standen.

»So hat es kommen müssen«, sagte ich endlich, indem ich den Gegenstand unserer Unterhaltung noch einmal wieder aufnahm, »ich, der sogar mit Kastanien und Kirschensteinen Handel trieb, wurde ein Mann der Wissenschaft; und du - wo sind deine Trauerspiele geblieben, die du als Sekundaner schriebst?«

»Die italienische Buchführung«, erwiderte er lächelnd, »ist ein scharfes Pulver gegen die Poesie; und gleichwohl habe ich noch den festen Willen hinzutun müssen, damit das Mittel anschlug.«

Er sah mich mit seinen dunklen Augen an, die noch den idealen Zug verrieten, der ihn in seiner Jugend auszeichnete.

»Es mag dich Mühe gekostet haben«, sagte ich. »Mühe?« wiederholte er langsam; »es ist vielleicht das Wenigste, was es mich gekostet hat.« Und dabei flog ein Blick zu seiner Frau hinüber, von einer solchen Energie der Zärtlichkeit, von einer Freude des Besitzes, als habe er die Geliebte erst vor kurzem sich errungen.

Unwillkürlich mußte ich eines kleinen Vorfalls am ersten Tage meines Hierseins gedenken. Damals, beim Eintritt in das Arbeitskabinett meines Freundes, fiel mein erster Blick auf das neben seinem Schreibtisch hängende Bildnis eines schönen jugendlichen Mädchens. Es war in Öl gemalt, in klaren lichten Farben und von einer wahrhaft leuchtenden Heiterkeit und Lebensfrische. Auf meine Frage, wen es vorstelle, erwiderte Rudolf: »Es ist das Bildnis meiner Frau. Das heißt«, setzte er hinzu, »des Mädchens, das später meine Braut und dann meine Frau geworden ist. Es war für die Großeltern gemalt und ist aus deren Nachlaß an sie zurückgelangt.« Er war bei diesen Worten gleichfalls vor das Bild getreten, während ich in Gedanken die jugendlichen Züge mit denen der nur noch flüchtig gesehenen Frau verglich. - Als ich nach einer Weile mich zu ihm wandte, trug sein Antlitz den unverkennbaren Ausdruck einer fast schmerzlichen Innigkeit, den ich mir bei meinem längeren Aufenthalte immer weniger zu erklären wußte. Denn dieses Mädchen war ja sein geworden; sie lebte und - so schien es - sie beglückte ihn noch jetzt.

Nun, als in diesem Augenblick die schöne ruhige Gestalt vor uns von der Terrasse in den Garten hinabstieg und da ich nicht fürchtete, eine ungeheilte Wunde zu berühren, vermochte ich meine damalige Beobachtung nicht länger zu verschweigen. »Was war das, Rudolf?« sagte ich und nahm die Hand meines Jugendfreundes, »sage mir es, wenn du es kannst!«

Er blickte noch einmal in den Garten hinab, hinter dem aus den Wiesen schon die Abendnebel aufzusteigen begannen; dann strich er das schlichte Haar von seiner Stirn und sagte mit dem herzlichen Ton seiner mir einst so vertrauten Stimme: »Es ist kein Unrecht dabei und auch kein Unheil; ich kann es dir schon sagen - soweit so etwas überhaupt sich sagen läßt. Du hast es seinerzeit aus meinen Briefen erfahren, wie ich meine Frau vor nun fast fünfzehn Jahren in meinem elterlichen Hause kennenlernte. Sie besuchte meine Schwester, mit der sie im Bade auf unseren Westsee-Inseln zusammengetroffen war. Ich lebte damals in der angestrengtesten und aufreibendsten Tätigkeit. Ein Kompagnon, auf dessen Mitteln ein Teil des kaum aufgeführten Handelsgebäudes ruhte, war plötzlich ausgeschieden, und das Fehlende mußte auf andere Weise und in kürzester Frist ersetzt werden. Dazu kam die Errichtung der Dampfschiffahrts-Sozietät, die ich schon derzeit im Plane hatte, dessen Ausführung aber die Eifersucht unserer Nachbarschaft immer neue Hindernisse entgegenstellte. Ich bedurfte, wenn ich den Tag in Arbeit und Aufregung hinbrachte, einer ermutigenden Teilnahme, eines Zufluchtsortes, an dem ich mein Herz ausruhen konnte. Beides fand ich bei der jungen Freundin meiner Schwester. Abends im elterlichen Garten, beim Auf- und Abwandeln zwischen den Ligusterzäunen, waren meine Pläne und meine Sorgen der Gegenstand unserer Gespräche; sie hatte ein Ohr und Verständnis für alles. Die Einfachheit und Sicherheit ihres Wesens, die du neulich am ersten Tage deines Hierseins an ihr bewundertest, waren schon damals vorhanden. Doch auch der Mutwille der Jugend war ihr nicht fremd. Ich erinnere mich eines Abends, wo ich den beiden Mädchen an dem alten Gartentisch in der Laube gegenübersaß. Es war an diesem Tage aller Art Unglück für mich hereingebrochen. In einem augenblicklichen Anfalle von Mutlosigkeit rief ich aus: ‹Es geht am Ende dennoch über meine Kräfte!› Sie antwortete nicht darauf; aber sie stützte schweigend das Kinn in ihre Hand und sah mich eine Weile wie mit zürnenden, erstaunten Augen an. Dann wandte sie den Kopf zu meiner Schwester und sagte lächelnd: ‹Siehst du! Er glaubt schon selbst nicht mehr daran!› Und sie hatte recht; schon in den nächsten Wochen fühlte ich, daß meine Kräfte reichten. Es verstand sich endlich fast von selbst, daß sie ihre Hand in meine legte; daß ich sie festhielt. Andere sagten mir von ihrer Schönheit; ich sah sie darauf an; ich hatte nie daran gedacht und dachte auch ferner nicht daran. So ward sie meine Frau; eine Genossin des Lebens, das der Tag mir brachte und in immer erneuter Aufgabe zur Lösung vor mich hinstellte. Du wirst dich dessen erinnern - denn ich habe dir damals öfterer geschrieben -, wie von nun an ein Wirrsal nach dem andern gelöst wurde. Mir war dabei fast, als geschehe es durch ihre Hand; denn sie an ihrem Platze wußte alles zur rechten Zeit zu tun; sie verstand die stumme Sprache der Dinge, gleich der Goldmaria des Märchens, die es im Vorübergehen aus den Bäumen rufen hört: »Schüttle uns, wir Äpfel sind alle miteinander reif!« - Schon nach einigen Jahren vermochte ich dies Landhaus zu erstehen und unsern einfachen Wünschen gemäß einzurichten. Aber mit dem Glück, das mich begünstigte, mehrten sich auch meine Geschäfte; ich hatte nicht sie, sie hatten mich; ich war eingefangen in einem Netz von Kombinationen, deren eine immer die andere ablöste; alle Kräfte meines Geistes waren in diesen einen Dienst gegeben, der sie Tag für Tag in Anspruch nahm.«

Mein Freund hielt inne; seine älteste zwölfjährige Tochter war aus dem Haus zu uns getreten und fragte nach der Mutter. Er nahm sie in seinen Arm und horchte nach dem Garten hinunter. Drüben von dem Glashause her, das mit seiner weißen First neben der Gartenmauer aus dem Gebüsch ragte, hörte man das Lachen der Kleinen und dazwischen wie beschwichtigend die Stimme der Mutter: »Geh, Jenni!« sagte er lächelnd, »es sind zwei große Feigen reif; ihr dürft sie nehmen!« - Sie nickte; und fort war sie; die Treppe hinab und durch die Rasenpartien, welche sich unterhalb der Terrasse ausbreiteten, seitwärts im Gebüsch verschwunden.

Der Vater sah ihr einen Augenblick nach; dann fuhr er fort: »Es war im Frühling eines Sonntagnachmittags; das schlanke Mädchen, das wir eben zur Mutter hinabgeschickt, mochte damals kaum ein halbes Jahr zählen. Der Gartensaal hier an der Terrasse war eben ausgemalt, die Frühlingssonne beschien den Estrich, und durch die offenen Flügeltüren drang der Duft der sprießenden Blätter und Knospen. Ich hatte, auf dem Sofa sitzend, ein Buch zur Hand genommen, desgleichen mir seit lange nicht mehr vor Augen gekommen war; ich weiß nicht, gedachte ich deiner und unserer einst so eifrig betriebenen altdeutschen Studien oder wollte ich mich nur vergewissern, daß hier draußen für mich eine andere Welt sei als drüben in der Stadt zwischen den dunkeln Wänden meiner Schreibstuben. Es war Meister Gottfrieds ›Tristan‹, den ich aufgeschlagen hatte. In einiger Entfernung mir gegenüber am Fenster saß meine Frau mit einer weiblichen Arbeit beschäftigt; nebenan im Zimmer schlief das Kind in seiner Wiege. Es war alles still; nichts störte mich, mit Tristan und Isolde die Meerfahrt zu beginnen.

Die Kiele streichen hin; in der einsamen Mittagsstunde sitzt Isolde auf dem Verdeck. Der Sommerwind weht in ihren goldenen Haaren; aber ihre Augen quellen über, aus Weh nach der Heimat, aus Furcht vor der Fremde, wo sie des greisen Königs Gemahl werden soll. Tristan will sie trösten; aber sie stößt ihn zurück; sie haßt ihn, weil er ihren Ohm Morolt erschlagen hat. Die Luft geht schwül, sie dürstet. In der Schiffskemenate, schlecht verwahrt, steht der Minnetrank, der Isoldes Herz dem alten Bräutigam entzünden soll. Ein kleines Fräulein ruft: ›Seht, hier steht Wein!‹, und Tristan bietet ahnungslos der Königin den Becher.

Sie trank mit Zaudern, ihr war so schwer,
Und gab es ihm; da trank auch er.

Und nun beginnt das Zauberspiel des alten Dichters; wir leben mit ihnen in ihrem Zweifel und in ihrer Herzensgier, wie sie nicht wollen und doch müssen, wie sie noch glauben, frei zu sein, und dennoch fürchten, es zu werden. Unaufhaltsam quellen die süßen Verse hervor; mit ihrer heimlich dringenden Weise betören sie das Herz. Ich sah sie vor mir, das schöne jugendliche Paar, wie sie zusammen am Bord des Schiffes lehnen. Sie blicken hinaus über das Wasser, um nicht zu sehen, wie ihre Hände heimlich ineinander ruhen; und während sie ganz einer in dem andern trunken sind, reden sie wie zufällig fremde Worte, von Meer und Nebel, von Luft und See. -

Der Duft des Bechers, den der alte Meister seinem Leser so nahezubringen weiß, stieg auf und begann auch an mir sein Zauberwerk zu üben. Durch die Dichtung wurde etwas in mir bewegt, was das Leben bis dahin hatte schlafen lassen; ich hatte diese andere Welt nicht kennengelernt, die Tristan und Isolde nun ihre eigenen unerbittlichen Gesetze aufnötigt; mit der der Dichter selbst, wie er zu Anfang seines Werkes sagt, verderben und gedeihen will.

Ich sah von dem Buch zu meiner Frau hinüber. Damals, mein Freund, lag noch der Duft der Jugend auf ihren Wangen. Durchs Fenster fielen die Schatten der jungen Pappelblätter auf ihre Stirn und bewegten sich leise hin und wider, während sie die Augen auf ihre Arbeit niedergeschlagen hatte. - War sie nicht ebenso schön wie ›der Minne Federspiel, Isolde‹? Oder war der Minnebecher kein bloßes Symbol, und bedurfte es wirklich des geheimnisvollen Trankes, um diesen holden Wahnsinn zu erschaffen?

In diesem Augenblick erwachte nebenan das Kind. Die junge Mutter stand auf und warf die Arbeit hin; aber während sie durch den Saal ging, sah sie mich mit ihren schönen heitern Augen an und winkte mir, ihr zu folgen.

Ich mußte lächeln. ›Was willst du noch?‹ sagte ich halblaut zu mir selbst und schlug das alte Zauberbuch zu. Und schon war sie zurück und brachte mir das Kind, das die großen verschlafenen Augen gegen die helle Frühlingssonne aufriß. -

So blieb es ruhig zwischen uns, wie es gewesen war. Ein Jahr nach dem andern ging dahin; und in währender Zeit verblühte allmählich die schöne jugendliche Frau an meiner Seite. Ich sah es nicht; ich hatte kein Auge dafür, wie die Züge ihres lieben Angesichts unmerklich den weichen Umriß der Jugend verloren und wie der Seidenglanz ihres blonden Haares erlosch; nur ihres geistigen Wesens wurde ich mir immer klarer bewußt; ich fühlte deutlich, wie es sich immer fester begründete, und ebenso, wie ich sie immer mehr verehrte.

Vor drei Jahren wurde uns noch eine zweite Tochter geboren - horch nur! Sie sind im Glashause; wie sie mit der Schwester disputiert! -

Indessen hatten sich meine Arbeiten allmählich vereinfacht; die Geschäfte gingen ihren geordneten Gang, so daß ich manches andern Händen überlassen konnte. Mein Leben gewann endlich wieder Raum für andere Dinge. Da das Notwendige ohne Zwang geschehen konnte, so machte sich der dem Menschen eingeborene Drang nach Schönheit wieder geltend. Ich gab dem Garten seine jetzige Gestalt und ließ dort unten das Rosarium anlegen. - Du hörtest schon, daß sie die Rosen vor allen andern Blumen liebt. - Im Jahre darauf wurde hinter demselben der geräumige Pavillon erbaut. Die Holzmosaik des Fußbodens, die Sessel und was sonst an Geräten hineingehörte, ließ ich nach Zeichnungen eines befreundeten Architekten von geschickten Handwerkern anfertigen; die hohen Fenster wurden zur Hälfte mit hellgrauen seidenen Gardinen verhangen, so daß ein gedämpftes wohltuendes Licht entstand. Hier in dieser Gartenstille las ich zum ersten Male in ungestörtem Zusammenhange die alten ewigen Gesänge, die ›Odyssee‹ - die ›Nibelungen‹; ich las sie laut; denn sie saß neben mir und hörte, und ihre fleißigen Hände ließen unbewußt die Arbeit ruhen. Auch die Hausmusik war nicht vergessen; mir hatte das Leben keine Zeit zur Ausübung einer Kunst gelassen, aber meine Frau verstand es, zu singen, und sie hatte es schon immer gern in meiner und der Kinder Gegenwart getan. Nun traten andere hinzu, die ein Gleiches leisteten; denn unmerklich hatte sich uns ein kleiner Kreis teilnehmender und gleichgesinnter Menschen angeschlossen.

So war im Juni vorigen Jahres mein vierzigster Geburtstag herangekommen. - Die Frühsonne weckte mich; sonst schlief noch alles. Ich kleidete mich an und ging durch das schweigende Haus auf die Terrasse. Der Rasen unterhalb derselben war noch in tiefem Schatten; nur die Spitzen der Bäume und der goldene Knopf des Gartenhauses leuchteten in der Morgensonne; drüben auf dem Wasser lag noch der weiße Nebel, aus dem die schwankende Spitze eines Mastes nur dann und wann hervorsah. Ich stieg langsam in den Garten hinunter, ganz erfüllt von dem Gefühl der süßen unberührten Frühe; ich trat leise auf, als fürchte ich, den Tag zu wecken.

Am vorhergehenden Abend war ich wieder einmal über Meister Gottfrieds ›Tristan‹ geraten und hatte mich ganz in das alte Buch vertieft. Es waren die letzten Blätter, die diese anmutige Dichterhand geschrieben.

Der Minnetrank hat seine Zauberkraft bewährt. Die schöne Königin Isolde und Tristan, des Königs Neffe, sie konnten voneinander nicht lassen. Der alte langmütige König hat endlich die Schuldigen verbannt; der Dichter aber tut seinem klopfenden Herzen Genüge und führt seine Lieblinge fern von den Menschen in die Wildnis. Kein Lauscher ist ihnen gefolgt; die Sonne scheint, die Kräuter duften; in der ungeheuren Einsamkeit nur sie und er; um sie her der säuselnde Wald und unsichtbar in den Lüften der unablässige Gesang der Vögel. Sie wandeln im Abendschein durch die Wiese hin, wo der kühle Brunnen klingt; dort sitzen sie nieder unter der Linde und blicken zurück nach der Felsengrotte, wo sie die Nacht zusammen ruhten. Sie reiten bei Sonnenaufgang durch die taubenetzte Heide auf die Pirsch, die Armbrust in der Faust, die Rosse aneinanderdrängend, Isotldes goldenes Haar um Tristans Schultern wehend.

In der stillen Morgenluft stiegen die Bilder der Dichtung wie Träume in mir auf. - Indessen war die Zeit vorgerückt; die Sonne schien warm auf die Gartensteige, die Blätter tropften, die Wohlgerüche der Blumen verbreiteten sich, und in den Lüften begann das feine Getön der Insektenwelt. Ich empfand die Fülle der Natur, und ein Gefühl der Jugend überkam mich, als läge das Geheimnis des Lebens noch unentsiegelt vor mir. Ich beschleunigte meinen Schritt, ich trat fester auf; unwillkürlich streckte ich den Arm aus und brach einen blühenden Zweig von dem Gebüsch, das nebenan im Rasen stand. - Unten vor dem Pavillon standen noch die Gartenstühle, wie wir sie am Abend verlassen hatten; an den verschlossenen Läden rieselte der Tau herab. Ich nahm den Schlüssel aus seinem Versteck unter der Treppenstufe und sperrte die Türen auf, damit die Morgenluft hineindringen könne. Dann ging ich zurück, rüttelte im Vorübergehen an der verschlossenen Tür des Glashauses und trat nach einer Weile durch den Gartensaal in das Wohnzimmer meiner Frau. Es rührte sich noch nichts im Hause, die Morgenruhe lag noch in allen Winkeln. Aber ein starker frischer Rosenduft schien die Nähe eines Geburtstagstisches zu verraten. - Als ich die Tür meines Arbeitszimmers öffnete, fielen meine Augen auf ein Ölgemälde in ovaler Medaillonform, das angelehnt auf meinem Schreibtisch stand. Es war das lebensgroße Profilbild eines Mädchenkopfes; über dem schweren Goldrahmen, der es einfaßte, lag eine Girlande von vollen roten Zentifolien. - Der Kopf war ein wenig zurückgeworfen, das glänzende blonde Haar schien erst eben von einer leichten Hand zurückgestrichen; auf den halbgeöffneten Lippen lag der köstliche Übermut der Jugend.

Ich stand atemlos und starrte das schöne jugendliche Antlitz an; mir war, als dürfe ich meine Nähe nicht verraten, als könne von einem unvorsichtigen Hauche alles in Duft verwehen. - Es mußte eine Welt voll Frühlingssonnenlichtes sein, in welche diese jungen lachenden Augen hinaussahen. Ich neigte unwillkürlich das Haupt. Sie - sie wäre es gewesen; mit ihr wäre auch ich in jene Einsamkeit geflohen, nach der jedes Menschenherz einmal verlangt ...«

Rudolf faßte meine Hand.

»Und weshalb war sie es nicht gewesen? - Du kennst das Bild. Was ich gesehen, war nicht die Phantasie eines Malers, nicht etwa die blonde Königin Isote, die vielleicht niemals gelebt hat. Dies Antlitz vor mir hatte dem Leben, meinem eigenen Leben angehört; so war sie einst gewesen, die vor vielen Jahren ihre Hand in meine legte, die noch an meiner Seite lebte.

Ich blickte wieder auf, es ließ mich nicht; der Duft nach Schönheit überwältigte mich ganz. Der Anfang eines alten Liedes fiel mir ein: ›O Jugend, o schöne Rosenzeit!‹ - sie hatte es damals in meinem elterlichen Hause oft gesungen. Ich streckte die Arme nach dem Bilde aus, als müsse sie so noch einmal wiederkehren, als sei diese süße jugendliche Gestalt noch nicht für immer der Vergangenheit anheimgefallen.

Da plötzlich, während mein Herz von Reue und von vergeblicher Sehnsucht zerrissen wurde, überkam mich ein Gedanke unzweifelhaften, unaussprechlichen Glückes. Sie, die das einst gewesen war, sie selber lebte noch; sie war in nächster Nähe, ich konnte schon jetzt, in diesem Augenblick noch bei ihr sein.

Ich verließ das Zimmer, ich suchte sie; aber sie war nicht mehr im Hause. Als ich in den Garten hinabging, kam sie mir unterhalb der Terrasse entgegen. Sie sah mich lächelnd an, als wollte sie in meinen Augen die Freude über ihr Geburtstagsangebinde lesen. Aber ich ließ ihr keine Zeit, ich faßte schweigend ihre Hand und führte sie in den Garten hinab. - Und wie sie in dem weißen Morgenkleide in ihrer mädchenhaften Weise neben mir ging, mit ihren stillen Augen mich fragend und erstaunt betrachtend, wie ihre Hand so leicht und hingegeben in der meinen lag, da konnte ich nicht erwarten, mich anbetend vor ihr niederzuwerfen; denn alle Leidenschaft meines Lebens erwachte und drängte ihr entgegen, ungestüm und unaufhaltsam.«

Rudolf schwieg einen Augenblick; dann sagte er leise, indem er vor sich in das Abendrot blickte, das schon mit seinem letzten Schein am Himmel stand: »So habe auch ich noch aus dem Minnebecher getrunken, einen tiefen, herzhaften Zug; zu spät - aber dennoch nicht zu spät!«

Wir saßen schweigend nebeneinander; allmählich brach die Dunkelheit herein. Im Garten war alles still geworden; aber im Pavillon unten waren schon die Lichter angezündet und schienen durch die Büsche. Nun wurde ein Akkord angeschlagen, und von einer tiefen Altstimme gesungen, klangen die Worte durch die Nacht:

»O Jugend, o schöne Rosenzeit!«

CHRISTIAN MORGENSTERN (1871 – 1914)
Von den heimlichen Rosen

Oh, wer um alle Rosen wüßte,
die rings in stillen Gärten stehn –
oh, wer um alle wüßte, müßte
wie im Rausch durchs Leben gehn.

Du brichst hinein mit rauhen Sinnen,
als wie ein Wind in einen Wald –
und wie ein Duft wehst du von hinnen,
dir selbst verwandelte Gestalt.

Oh, wer um alle Rosen wüßte,
die rings in stillen Gärten stehn –
Oh, wer um alle wüßte,
müßte wie im Rausch durchs Leben gehn.

ANTOINE DE SAINT-EXUPÉRY (1900 – 1944)
Die Blume des Kleinen Prinzen

Bald sollte ich jene Blume besser kennenlernen. Es hatte auf dem Planeten des kleinen Prinzen immer schon Blumen gegeben, sehr einfache, aus einem einzigen Kranz von Blütenblättern geformt; sie spielten keine große Rolle und störten niemanden. Sie leuchteten eines Morgens im Grase auf und erloschen am Abend. Aber jene eine hatte eines Tages Wurzel geschlagen, aus einem Samen, weiß Gott woher, und der kleine Prinz hatte diesen Sproß, der den andern Sprößlingen nicht glich, sehr genau überwacht. Das konnte eine neue Art Affenbrotbaum sein. Aber der Strauch hörte bald auf zu wachsen und begann, eine Blüte anzusetzen. Der kleine Prinz, der der Entwicklung einer riesigen Knospe beiwohnte, fühlte wohl, es müsse eine wunderbare Erscheinung aus ihr hervorgehn, aber die Blume wurde nicht fertig damit, sich in ihrer grünen Kammer auf ihre Schönheit vorzubereiten. Sie wählte ihre Farben mit Sorgfalt, sie zog sich langsam an, sie ordnete ihre Blütenblätter eins nach dem andern. Sie wollte nicht wie die Mohnblüten ganz zerknittert herauskommen. Sie wollte nicht früher erscheinen als im vollen Ornat ihrer Schönheit. Nun ja! sie wollte gefallen. Ihre geheimnisvolle Toilette hatte also Tage und Tage gedauert. Und dann, eines Morgens, gerade zur Stunde des Sonnenaufganges, hatte sie sich enthüllt.

Und sie, die mit solcher Genauigkeit gearbeitet hatte, sagte gähnend:

»Ach! ich bin kaum aufgewacht ... Ich bitte um Verzeihung ... Ich bin noch ganz zerrauft ...«

Da konnte der kleine Prinz seine Bewunderung nicht mehr verhalten:

»Wie schön Sie sind!«

»Nicht wahr?« antwortete sanft die Blume. »Und ich bin zugleich mit der Sonne geboren ...«

Der kleine Prinz erriet wohl, daß sie nicht allzu bescheiden war, aber sie war so rührend!

»Ich glaube, es ist Zeit zum Frühstücken«, hatte sie bald hinzugefügt, »hätten Sie die Güte, an mich zu denken?«

Und völlig verwirrt hatte der kleine Prinz eine Gießkanne mit frischem Wasser geholt und die Blume begossen.

So hatte sie ihn sehr bald schon mit ihrer etwas scheuen Eitelkeit gequält. Eines Tages zum Beispiel, als sie von ihren vier Dornen sprach, hatte sie zum kleinen Prinzen gesagt:

»Sie sollen nur kommen, die Tiger, mit ihren Krallen!«

»Es gibt keine Tiger auf meinem Planeten«, hatte der kleine Prinz eingewendet, »und die Tiger fressen auch kein Gras.«

»Ich bin kein Gras«, hatte die Blume sanft geantwortet.

»Verzeihen Sie mir ...«

»Ich fürchte mich nicht vor den Tigern, aber mir graut vor der Zugluft. Hätten Sie keinen Wandschirm?«

Grauen vor Zugluft? ... Das sind schlechte Aussichten Für eine Pflanze, hatte der kleine Prinz festgestellt. Diese Blume ist recht schwierig

»Am Abend werden Sie mich unter einen Glassturz stellen. Es ist sehr kalt bei Ihnen. Das ist schlecht eingerichtet. Da, wo ich herkomme ...«

Aber sie hatte sich unterbrochen. Sie war in Form eines Samenkorns gekommen. Sie hatte nichts von den anderen Welten wissen können. Beschämt, sich bei einer so einfältigen Lüge ertappen zu lassen, hatte sie zwei- oder dreimal gehustet, um den kleinen Prinzen ins Unrecht zu setzen:

»Der Wandschirm ...?«

»Ich wollte ihn gerade holen, aber Sie sprachen mit mir!«

Dann hatte sie sich neuerlich zu ihrem Husten gezwungen, um ihm trotzdem Gewissensbisse aufzunötigen.

So hatte der kleine Prinz trotz des guten Willens seiner Liebe rasch an ihr zu zweifeln begonnen, ihre belanglosen Worte bitter ernst genommen und war sehr unglücklich geworden.

»Ich hätte nicht auf sie hören sollen«, gestand er mir eines Tages. »Man darf den Blumen nicht zuhören, man muß sie anschauen und einatmen. Die meine erfüllte den Planeten mit Duft, aber ich konnte seiner nicht froh werden. Diese Geschichte mit den Krallen, die mich so gereizt hat, hätte mich rühren sollen.«

Er vertraute mir noch an:

»Ich habe das damals nicht verstehen können!

Ich hätte sie nach ihrem Tun und nicht nach ihren Worten beurteilen sollen. Sie duftete und glühte für mich. Ich hätte niemals fliehen sollen! Ich hätte hinter all den armseligen Schlichen ihre Zärtlichkeit erraten sollen. Die Blumen sind so widerspruchsvoll! Aber ich war zu jung, um sie lieben zu können.«

Nachdem der kleine Prinz lange über den Sand, die Felsen und den Schnee gewandert war, geschah es, daß er endlich eine Straße entdeckte. Und die Straßen führen alle zu den Menschen. »Guten Tag«, sagte er.

Das war ein blühender Rosengarten.

»Guten Tag«, sagten die Rosen.

Der kleine Prinz sah sie an. Sie glichen alle seiner Blume.

»Wer seid ihr?« fragte er sie höchst erstaunt. »Wir sind Rosen«, sagten die Rosen. »Ach!« sagte der kleine Prinz ...

Und er fühlte sich sehr unglücklich. Seine Blume hatte ihm erzählt, daß sie auf der ganzen Welt einzig in ihrer Art sei. Und siehe! da waren fünftausend davon, alle gleich, in einem einzigen Garten !

Sie wäre sehr böse, wenn sie das sähe, sagte er sich ... sie würde fürchterlich husten und so tun, als stürbe sie, um der Lächerlichkeit zu entgehen. Und ich müßte wohl so tun, als pflegte ich sie, denn sonst ließe sie sich wirklich sterben, um auch mich zu beschämen ...

Dann sagte er sich noch: Ich glaubte, ich sei reich durch eine einzigartige Blume, und ich besitze nur eine gewöhnliche Rose. Sie und meine drei Vulkane, die mir bis ans Knie reichen und von denen einer vielleicht für immer erloschen ist, das macht aus mir keinen sehr großen Prinzen ... Und er warf sich ins Gras und weinte.

In diesem Augenblick erschien der Fuchs: »Guten Tag«, sagte der Fuchs.

»Guten Tag«, antwortete höflich der kleine Prinz, der sich umdrehte, aber nichts sah.

»Ich bin da«, sagte die Stimme, »unter dem Apfelbaum ...«

»Wer bist du?« sagte der kleine Prinz. »Du bist sehr hübsch ...«

»Ich bin ein Fuchs«, sagte der Fuchs.

»Komm und spiel mit mir«, schlug ihm der kleine Prinz vor. »Ich bin so traurig ...«

»Ich kann nicht mit dir spielen«, sagte der Fuchs. »Ich bin noch nicht gezähmt!«

»Ah, Verzeihung!« sagte der kleine Prinz. Aber nach einiger Überlegung fügte er hinzu: »Was bedeutet das: ›zähmen‹?«

»Du bist nicht von hier«, sagte der Fuchs, »was suchst du?«

»Ich suche die Menschen«, sagte der kleine Prinz. »Was bedeutet ›zähmen‹?«

»Die Menschen«, sagte der Fuchs, »die haben Gewehre und schießen. Das ist sehr lästig. Sie ziehen auch Hühner auf. Das ist ihr einziges Interesse. Du suchst Hühner?«

»Nein«, sagte der kleine Prinz, »ich suche Freunde. Was heißt ›zähmen‹?«

»Das ist eine in Vergessenheit geratene Sache«, sagte der Fuchs. »Es bedeutet: sich ›vertraut machen‹.«

»Vertraut machen?«

»Gewiß«, sagte der Fuchs. »Du bist für mich noch nichts als ein kleiner Knabe, der hunderttausend kleinen Knaben völlig gleicht. Ich brauche dich nicht, und du brauchst mich ebenso wenig. Ich bin für dich nur ein Fuchs, der hunderttausend Füchsen gleicht. Aber wenn du mich zähmst, werden wir einander brauchen. Du wirst für mich einzig sein in der Welt. Ich werde für dich einzig sein in der Welt ...«

»Ich beginne zu verstehen«, sagte der kleine Prinz. »Es gibt eine Blume ... ich glaube, sie hat mich gezähmt ...«

»Das ist möglich«, sagte der Fuchs. »Man trifft auf der Erde alle möglichen Dinge ...«

»Oh, das ist nicht auf der Erde«, sagte der kleine Prinz.

Der Fuchs schien sehr aufgeregt:

»Auf einem anderen Planeten?«

»Ja.«

»Gibt es Jäger auf diesem Planeten?«

»Nein.«

»Das ist interessant! Und Hühner?«

»Nein.«

»Nichts ist vollkommen!« seufzte der Fuchs.

Aber der Fuchs kam auf seinen Gedanken zurück:

»Mein Leben ist eintönig. Ich jage Hühner, die Menschen jagen mich. Alle Hühner gleichen einander und alle Menschen gleichen einander. Ich langweile mich also ein wenig. Aber wenn du mich zähmst, wird mein Leben wie duchsonnt sein. Ich werde den Klang deines Schrittes kennen, der sich von allen andern unterscheidet. Die anderen Schritte jagen mich unter die Erde. Der deine wird mich wie Musik aus dem Bau locken. Und dann schau! Du siehst da drüben die Weizenfelder? Ich esse kein Brot. Für mich ist der Weizen zwecklos. Die Weizenfelder erinnern mich an nichts. Und das ist traurig. Aber du hast weizenblondes Haar. Oh, es wird wunderbar sein, wenn du mich einmal gezähmt hast! Das Gold der Weizenfelder wird mich an dich erinnern. Und ich werde das Rauschen des Windes im Getreide liebgewinnen ...«

Der Fuchs verstummte und schaute den Prinzen lange an:

»Bitte ... zähme mich!« sagte er.

»Ich möchte wohl«, antwortete der kleine Prinz, »aber ich habe nicht viel Zeit. Ich muß Freunde finden und viele Dinge kennenlernen.«

»Man kennt nur die Dinge, die man zähmt«, sagte der Fuchs. »Die Menschen haben keine Zeit mehr, irgend etwas kennenzulernen. Sie kaufen sich alles fertig in den Geschäften. Aber da es keine Kaufläden für Freunde gibt, haben die Leute keine Freunde mehr. Wenn du einen Freund willst, so zähme mich!«

»Was muß ich da tun?« sagte der kleine Prinz. »Du mußt sehr geduldig sein«, antwortete der Fuchs. »Du setzt dich zuerst ein wenig abseits von mir ins Gras. Ich werde dich so verstohlen, so aus dem Augenwinkel anschauen, und du wirst nichts sagen. Die Sprache ist die Quelle der Mißverständnisse. Aber jeden Tag wirst du dich ein bißchen näher setzen können.. «,

Am nächsten Morgen kam der kleine Prinz zurück.

»Es wäre besser gewesen« du wärst zur selben Stunde wiedergekommen«, sagte der Fuchs. »Wenn du zum Beispiel um vier Uhr nachmittags kommst, kann ich um drei Uhr anfangen, glücklich zu sein. Je mehr die Zeit vergeht, um so glücklicher werde ich mich fühlen. Um vier Uhr werde ich mich schon aufregen und beunruhigen; ich werde erfahren, wie teuer das Glück ist. Wenn du aber irgendwann kommst, kann ich nie wissen, wann mein Herz da sein soll ... Es muß feste Bräuche geben.«

»Was heißt ›fester Brauch‹?« sagte der kleine Prinz.

»Auch etwas in Vergessenheit Geratenes«, sagte der Fuchs. »Es ist das, was einen Tag vom andern unterscheidet, eine Stunde von den andern Stunden. Es gibt zum Beispiel einen Brauch bei meinen Jägern. Sie tanzen am Donnerstag mit den Mädchen des Dorfes. Daher ist der Donnerstag der wunderbare Tag. Ich gehe bis zum Weinberg spazieren. Wenn die Jäger irgendwann einmal zum Tanze gingen, wären die Tage alle gleich und ich hätte niemals Ferien.«

So machte denn der kleine Prinz den Fuchs mit sich vertraut. Und als die Stunde des Abschieds nahe war: »Ach!« sagte der Fuchs, »ich werde weinen.«

»Das ist deine Schuld«, sagte der kleine Prinz, »ich wünschte dir nichts Übles, aber du hast gewollt, daß ich dich zähme ...«

»Gewiß«, sagte der Fuchs.

»Aber nun wirst du weinen!« sagte der kleine Prinz.

»Bestimmt«, sagte der Fuchs.

»So hast du also nichts gewonnen!«

»Ich habe«, sagte der Fuchs, »die Farbe des Weizens gewonnen.« Dann fügte er hinzu:

»Geh die Rosen wieder anschauen. Du wirst begreifen, daß die deine einzig ist in der Welt. Du wirst wiederkommen und mir adieu sagen, und ich werde dir ein Geheimnis schenken.«

Der kleine Prinz ging, die Rosen wiederzusehn:

»Ihr gleicht meiner Rose gar nicht, ihr seid noch nichts«, sagte er zu ihnen. »Niemand hat sich euch vertraut gemacht und auch ihr habt euch niemandem vertraut gemacht. Ihr seid, wie mein Fuchs war. Der war nichts als ein Fuchs wie hunderttausend andere. Aber ich habe ihn zu meinem Freund gemacht, und jetzt ist er einzig in der Welt.« Und die Rosen waren sehr beschämt.

»Ihr seid schön, aber ihr seid leer«, sagte er noch. »Man kann für euch nicht sterben. Gewiß, ein Irgendwer, der vorübergeht, könnte glauben, meine Rose ähnle euch. Aber in sich selbst ist sie wichtiger als ihr alle, da sie es ist, die ich begossen habe. Da sie es ist, die ich unter den Glassturz gestellt habe. Da sie es ist, die ich mit dem Wandschirm geschützt habe. Da sie es ist, deren Raupen ich getötet habe (außer den zwei oder drei um der Schmetterlinge willen). Da sie es ist, die ich klagen oder sich rühmen gehört habe oder auch manchmal schweigen. Da es meine Rose ist.«

Und er kam zum Fuchs zurück:

»Adieu«, sagte er ...

»Adieu«, sagte der Fuchs. »Hier mein Geheimnis. Es ist ganz einfach: man sieht nur mit dem Herzen gut. Das Wesentliche ist für die Augen unsichtbar. «

»Das Wesentliche ist für die Augen unsichtbar«, wiederholte der kleine Prinz, um es sich zu merken.

»Die Zeit, die du für deine Rose verloren hast, sie macht deine Rose so wichtig«

»Die Zeit, die ich für meine Rose verloren habe ...« sagte der kleine Prinz, um es sich zu merken.

»Die Menschen haben diese Wahrheit vergessen«, sagte der Fuchs. »Aber du darfst sie nicht vergessen. Du bist zeitlebens für das verantwortlich, was du dir vertraut gemacht hast. Du bist für deine Rose verantwortlich ...«

»Ich bin für meine Rose verantwortlich ...« wiederholte der kleine Prinz, um es sich zu merken.

Rosenknospe, du bist
dem blühenden Mädchen gewidmet,
Die als Herrlichste sich,
als die Bescheidenste zeigt.

Johann Wolfgang von Goethe

Rosen und (noch) kein Ende ...

Sie sind immer noch nicht rosensatt? Nun gut, hier ist noch ein wenig Rosenfutter für Sie, habe ich doch versucht, möglichst viel über Rosen herauszufinden, - schließlich gibt es keine andere Blume, die die Menschen offensichtlich so inspiriert hat.

In's Sprichwort hat sie natürlich auch Einzug gehalten, die Rose:

Auf Rosen gebettet sein, auf Rosen gehen etc.
Umschreibung eines sehr glücklichen Zustands. Wundert Sie das?

Und natürlich die Kehrseite der Medaille:
Nicht auf Rosen gebettet sein.

Bei den Festen fällt mir als ehemalige Kölnerin natürlich der *Rosenmontag* ein. Wissen Sie, wie der Name entstanden ist?

Früher war der eigentliche Höhepunkt des Karnevals der Sonntag. Er hieß *Rosensonntag*, weil er seinen Namen infolge der päpstlichen »Rosenweihe« erhielt. Bis zum Jahr 1967 weihte der Papst eine goldene Rose, die als Symbol für Christus und seinen Leidensweg steht.

Später wurde der große Kölner Umzug auf den Montag verlegt, und so nannte man ihn dann *Rosenmontag.*

Das *Fest der Rose* (auch: Fest des strahlenden Sterns) findet am 29. 12. eines jeden Jahres statt, und wurde von dem hl. Bernhard, Bernhard von Clairvaux, gegründet, einem der einflußreichsten Geistlichen des Mittelalters und Gründer des Zisterzienserordens. Für ihn war es das »richtige Weihnachtsdatum«, das »den Menschen den Segen aus der Liebe Gottes bringt«.

Und wer von den Liebes-/Ehepaaren es in unserer heutigen, schnellebigen Zeit so lange ausgehalten hat, kann nach zehn Jahren die *Rosenhochzeit* feiern, aber bei all den Tips in diesem Buch dürfte das *jetzt* ja kein Problem mehr sein ...

Ich habe auch in Büchern gestöbert, deren Autoren und Autorinnen sich von der Rose haben inspirieren lassen. Hier eine kleine Auswahl – von Hedwig Courths-Mahler bis Rose Ausländer, die auch noch ihren Vornamen der Rose verdankt:

Ambler, Eric: *Bitte keine Rosen mehr*
Ausländer, Rose: *Brief aus Rosen*
Bergengruen, Werner: *Der spanische Rosenstock*
Brohmbeck, Erma: *Ich schenk mir täglich rote Rosen*
Courths-Mahler, Hedwig: *Alte Rosen*
Faulkner, William: *Eine Rose für Emily*
Hoffmannsthal, Hugo v.: *Der Rosenkavalier* (wurde von Strauß als Opernvorlage genommen)
Link, Charlotte: *Die Rosenzüchterin*
Paretti, Sandra: *Rose und Schwert*
Scholl, Inge: *Die weiße Rose*
Spyri, Johanna: *Rosenresli* (Erzählung/Kinderbuch)
St. Exupéry, Antoine: *Der Kleine Prinz*
St. Exupéry, Consuelo: *Die Rose des Kleinen Prinzen*
Walser, Robert: *Die Rose*

Williams, Tennessee: *Die tätowierte Rose*
Woodiwiss, Kathleen E.: *Wie eine Rose im Winter*
Yeats, William Buttler: *Die geheimnisvolle Rose*
Zwerger/Brentano: *Das Märchen von den Rosenblättern* (Kinderbuch)

Und natürlich haben sich auch eine ganze Reihe von Komponisten das Thema »Rose« zu eigen gemacht und vertont:

Letzte Rose aus der Oper *Martha* von Friedrich Flotow.

Der Text stammt im übrigen nicht von Flotow, sondern von dem irischen Dichter Thomas Moore und heißt im Original *The Last Rose of Summer.*

Die Rose von Stambul, eine Operette von Leo Fall.

Der Rosenkavalier, eine Oper von Richard Strauß.

Dornröschen, Ballett von Peter Iljitsch Tschaikowsky mit dem berühmten *Rosen-Adagio.*

Auch eine Reihe Volkslieder besingt die Rose:

Pflücket die Rose, eh' sie verblüht heißt es in dem von Johann Martin Usteri 1793 in Zürich verfaßten Gedicht, das zum Volkslied geworden ist, wobei hier, wie in anderen sprichwörtlichen Redensarten, die Rose bildlich für die Jungfräulichkeit eines Mädchens stand (siehe auch Goethes *Heideröslein.*

Auch der Rosengarten spielt im Volkslied eine Rolle, er ist der Ort, an dem sich die Liebenden begegnen, aber auch Umschreibung für den Friedhof, wenn es im Lied heißt:

Im Rosengarten
Will deiner ich warten,
im weißen Schnee,
im grünen Klee.

Ursprünglich war der *Rosengarten* wohl ein altgermanischer Kultplatz, wo man die Toten bestattete und Recht sprach.

Den Ausdruck *sub rosa = unter der Rose reden, etwas sub rosa sagen* haben ich bereits erklärt.

Rosestock, Holderblüh
– dieses Volkslied kommt aus Oberschwaben.

Rote Rosen am Hügel
– von Johanna Spyri, der Kinderbuchautorin

Sah ein Knab ein Röslein stehn
– na, das kennt ja wohl jeder (Johann Wolfgang von Goethe)

Sah ein Knab ein Röslein steh, Röslein auf der Heiden; war so jung und morgenschön, lief er schnell, es nah zu sehn, sah's mit vielen Freuden.
Röslein, Röslein, Röslein rot, Röslein auf der Heiden.

Knabe sprach: »Ich breche dich, Röslein auf der Heiden!« Röslein sprach: »Ich stehe dich, daß du ewig denkst an mich, und ich will's nicht leiden.«
Röslein ...

Und der wilde Knabe brach ´s Röslein auf der Heiden, Röslein wehrte sich und stach, half ihm doch kein Weh und Ach, mußt es eben leiden.

Röslein ...

Die Rose taucht, wie ich bereits im ersten Kapitel geschrieben habe, natürlich auch auf unzähligen Bildern in Form von Verzierungen, Stilleben etc. auf – im Mittelalter sehr oft in Verbindung mit Marienbildern.

Auch Mandalas, die in der spirituellen Szene in den letzten Jahren einen wahren Boom erlebt haben, sind letztlich stilisierte Rosen.

C. G. Jung, schweizerischer Psychologe und Begründer der modernen Psychoanalyse, führt das Mandala auf die Rosettenfenster mit ihrer magischen Kreisform zurück, die, wie er meint, unsere tiefe Sehnsucht nach Einheit mit dem Kosmos symbolisieren würde.

Aber das wohl älteste Gemälde der Welt überhaupt befindet sich in einer Höhle auf Kreta und zeigt eine fünfblättrige Rose in Rosa und ist etwa um 1450 v. Chr. entstanden.

The Last Rose Of Summer

'Tis the last rose of summer.
Left blooming alone;
All her lovely companions
are faded and gone.
No flower of her kindred.
No rosebud is nigh.
To reflext back her blushes.
Or give sigh for sigh.

Thomas Moore

Letzte Rose …

Als ich mich vor einigen Jahren für ein Haus in Neuwied interessierte und bei der Besichtigung des Grundstücks um die Ecke kam und in den Hof trat, entdeckte ich die Rosenhecke, die sich über einem Brunnen an der Wand des Nebengebäudes, das ich später »Hexenhäuschen« taufte, hochzog. Es war eine strahlend rote Rose. Ein Ruf der Bewunderung kam über meine Lippen.

Und ich wußte, ohne das Haus selbst von innen näher in Augenschein genommen zu haben, sofort: Das ist mein Haus! (Das hat sich dann im Laufe der Zeit relativiert. Inzwischen habe ich »mein richtiges« Haus gefunden.)

Die Hecke blühte und blühte und machte mich, schon damals leidenschaftliche Rosenliebhaberin, sehr glücklich.

Im Jahr darauf entdeckte ich, daß sich zwischen dem verschwenderischen Rot eine einfache, rosa-weiße Heckenrose breitgemacht hatte und die rote Pracht verdrängte.

Ich war maßlos enttäuscht. Das war doch nicht mehr »meine Rosenhecke« vom vergangenen Jahr! Auch die Wildrose blühte und blühte, wenn auch in ihrer einfachen Schönheit, aber ich war nicht in der Lage, das zu erkennen.

Im Jahr darauf – es war wieder Rosenzeit – stand ich erneut vor der Hecke. Das gleiche Bild wie im Jahr zuvor – nur daß die Heckenrose inzwischen die rote Rose fast vollständig verdrängt hatte. Schließlich begann ich mit ihr zu sprechen, Tag für Tag. Zuerst gelang es mir, mich mit der Situation »abzufinden«, und schließlich – endlich – mich mit ihr auszusöhnen.

Ich entschuldigte mich bei ihr, daß ich ihre einfache, aber klare Schönheit in den vergangenen Sommern nicht erkannt und schon gar nicht gewürdigt hatte. Ich machte meinen Frieden mit ihr und war von nun an glücklich mit meiner Rosenhecke, so, wie sie war.

Wieder ging ein Jahr ins Land. Und wieder stand ich im Juni vor der voll erblühten Rosenhecke. Aber was entdeckten meine Augen da:

Neben dem ursprünglichen Rot und der Heckenrose hatte sich eine völlig neue Rose hinzugesellt: Stark duftend, in kräftigem Rosa.

Ich war begeistert, und tief berührt. Noch wußte ich ja nicht, was mir diese Rose sagen wollte.

Als dem Smaragd Verlag im Oktober desselben Jahres auf der Buchmesse von Barbara Vödisch das Manuskript *Lady Nada: Botschaften der Liebe* angeboten wurde und ich mit Nada und ihrer liebevollen Energie in Kontakt kam, verstand ich die Botschaft – endlich! (Siehe Seite 83)

Ja, das sind die »Wunder« in unserem Leben, die es nur zu entdecken gilt, wenn wir unser Herz dafür öffnen.

Man sieht nur mit dem Herzen gut, das Wesentliche ist für die Augen unsichtbar.

(Antoine de Saint-Exupéry)

Ich wünsche Ihnen, liebe Leserin und lieber Leser, viele Rosen in Ihrem Leben und von Herzen alles Liebe!

Ihre Gina Hellmann

Rosenhecke

Quellenangaben

Borges, Jorge Luis, Gesammelte Werke
Daraus: Die Rose des Paracelsus
© 1987 Carl Hanser Verlag, München - Wien

Bunin, Iwan Aleksejewitsch: »Die Rose von Jericho«
Aus dem Russischen übersetzt von Ingeborg Schröder aus »Rosen. Texte aus der Weltliteratur«. Hrsg. von Anne Marie Fröhlich
© Manesse Verlag, Zürich 1997

Kerner, Dagny und Imre: »Der Ruf der Rose«
© 1992, 1994 by Verlag Kiepenheuer & Witsch, Köln

Saint-Exupéry, Antoine de: »Der Kleine Prinz«
© 1950 und 1998 Karl Rauch Verlag Düsseldorf

Scudder, Horace: aus: »Amerikaniche Märchen. Ü: Klaus Plonien. © Insel Verlag, Frankfurt am Main und Leipzig 1994. »Die beiden Rosen«: S. 45 ff.

Walker, Barbara G.: »Rose« aus »Das Geheime Wissen der Frauen«, S. 930 – 933.

Adressen

Die Rosenblüten-Essenzen sind zu beziehen über:

Laredo Verlag
Herbert Thelesklaf
Sonnenstraße 1 · D-83339 Chieming
Telefon: 08664/1001 · Fax: 08664/1065

* * *

Verein Deutscher Rosenfreunde e. V.
Hanni Bartetzko
Waldseestraße 14 · D-76530 Baden-Baden
Tel.: 07221/31302 · Telefax: 07221/38337
http://home.t-online.de/home/rosenfreunde
e-mail: rosenfreunde@t-online.de
Dort gibt es für DM 9,50 (4,85 Euro) einen Führer über Rosarien in Deutschland mit sehr informativen Tips und Beschreibungen.

* * *

Rosenmuseum Steinfurth
Alte Schulstraße 1 · D-61321 Bad Nauheim-Steinfurth
Tel.: 06032/86001 · Fax: 06032/87915
Das Rosenmuseum Steinfurth ist weltweit das einzige kulturgeschichtliche Spezialmuseum der Rose. Auch hierzu Details im Rosenführer des *Vereins Deutscher Rosenfreunde.*

* * *

Schaugarten der Rosen-Union
Steinfurther Hauptstraße 27 · D-61231 Bad Nauheim-Steinfurth
Tel.: 06032/965301 · Fax: 06032/86220
Der 6.000 Quadratmeter große Schau- und Prüfgarten der Rosen-Union zeigt rund 10.000 Pflanzen in 350 Arten und Sorten.

* * *

Spezialbuchhandlung für Rosenbücher
Weiland
Königstraße 67a · D-23552 Lübeck
Tel.: 0451/16006-0 · Fax: 0451/16006-77
www.weiland.de · service@hl.weiland.de

* * *

Besondere Rosen für Ihren Garten, die Sie dann für all die Rezepte, Rituale und Tips nutzen können, finden Sie unter anderem bei den folgenden Rosenspezialisten:

Historische und moderne Rosen sowie Rosenwasser und Rosenöl:
LACON
J.-S.-Piazolostraße 4a · D-687566 Hockenheim
Tel.: 06205/4001 oder 06205/7033 · Telefax: 06205/18574

* * *

Bioland Rosen sowie schöne Dinge rund um die Rose, auch kulinarische Genüsse:
Bioland-Rosenschule Ruf
Zum Sauerbrunnen 35 · D-61231 Bad Nauheim-Steinfurth
Tel.: 06032/81893 · Fax: 06032/82375

* * *

Rosenvertrieb Kalbus
Danziger Straße 32 · D-90518 Altdorf
Tel.: 0180/5076736 · Telefax: 09187/959344
www.kalbus.de · rosenvertrieb@kalbus.de

Patricia Monaghan

Mein magischer Garten

Aus dem Amerikanischen übertragen und bearbeitet von Gina Hellmann

240 Seiten · Großformat · gebunden · ISBN 3-934254-15-X

Mein magischer Garten zeigt Ihnen, wie Sie einen kleinen, unscheinbaren Acker in einen magischen Garten verwandeln können und macht Sie nicht nur mit den praktischen Aspekten, sondern auch mit dem Mythcs des Gärtnerns vertraut; bringt Gartenrituale und Zeremonien; Meditationen für die Jahreszeiten und die »alten Wege«; hilft Ihnen, Ihren Garten zu weihen; verar schaulicht Pflanzen-Archetypen und –devas; läßt Sie den spirituellen Gewinn der Gartenarbei- entdecken und enthüllt Ihnen schließlich 16 pha tasievolle Gartenpläne, mit denen Sie den Garten Ihrer Träume schaffen können.
Ein wichtiger Beitrag zu der Art und Weise, wie wir mit unserer Mutter Erde umgehen können.

Sylvia Leela Isani & Christine Janson

Ein Fest der Sinne

– Wohlfühlrituale für jeden Monat

240 Seiten, Großformat . gebunden · ISBN 3-934254-31-4

Dieses Buch inspiriert vor allem Frauen dazu, ihr Leben sinnlich, phantasievoll, gesundheitsbewußt und im Einklang mit den Jahreszeiten und der Nctur zu gestalten.
Jeder Monat seht unter dem Thema einer Göttin, die einen Persönlichkeitsanteil in uns verkörpert. Darüber hinaus sind jedem Monat eine passende Heilpflanze, ein Körperteil, Yoga- und Qi-Gong-Übungen, Naturheilrezepte, Schönheitstips und Kochrezepte zugeordnet.
Ungewöhnliche Rituale, Meditationen, ausgefallene Speisen aus verschiedenen Kulturkreisen, Verwöhn- und Schönheitsrezepte – all dies lädt Sie dazu ein, den Alltag mit größerer Leichtigkeit und Lebensfreude zu meistern. Und werden Sie schließlich selbst kreativ. Der 13. Monat ist ganz Ihrer Phantasie und Kreativität überlassen.

Bertram Wallrath

Das keltische Baumhoroskop (Originalf.)

Magie und Heilkunde der alten Druiden

160 Seiten mit zahlr. Abb . brosch. ISBN 3-926374-45-4

Das keltische Baumhoroskop zeichnet menschliche Eigenschaften in ihrer Zuordnung zu unseren Bäumen als faszinierende Alternative zu den uns vertrauten Tierkreiszeichen. Diese Umsetzung kannten bereits die Duiden im alten gallischen Frankreich, denen, wie uns heute erneut, die Bä me näher waren als die Sterne. Darüber hinaus werden das druidisc -magische Heilwissen und seine Anwendung für den Alltag wiederentdeckt. Mit zahlreichen mittelalterlichen Rezepten und Abbildungen.

Melissa Bónya

Amulette und magische Rituale

176 Seiten, brosch. ISBN 3-934254-35-7

Melissa Bónya vermittelt den LeserInnen das nötige Basiswissen »rund ums Amulett«. Dazu gehören u.a. die Bedeutung von Farben, Zahlen, Wochentagen, der einzelnen Planeten und Mondphasen, sowie Pflanzen und ihre Zauberkraft.
Viele praktisch anwendbare Ratschläge und altüberlieferte sowie neu gechannelte, magische Rituale - Hilfe gegen Hexen- und Voodoo-Zauber, Schutzrituale und –amulette, magische Liebessteine, das Sternzeichen-Amulett, ein Schutzamulett für Ihr neues Zuhause, u.v.m. machen dieses Buch zu einem Grundlagenwerk für alle, die tiefer in die Magie einsteigen möchten.
Mit zahlreichen magischen Ritualen, Zaubersprüchen und Zeichnungen.
Schließlich soll ein Glücksbringer auch halten, was er verspricht ...

Melissa Bónya

Schönheit aus der Hexenküche

128 Seiten . brosch. ISBN 3-934254-25-X

"Be-zaubernd schön von Kopf bis Fuß! – welches weibliche Wesen hört solch ein Kompliment nicht gern?!
Rträumen auch Sie davon, sich wieder im eigenen Körper wohlzufühlen, im Einklang mit der Natu5 zu sein, und eine magische Ausstrahlung zu gewinnen?
Nur zu! Lassen Sie sich von Melissa Bónyas magischen Schönheitstips inspirieren – einer Mischung aus dem alten Wissen der Kräuterfrauen und den heutigen Erkenntnissen über Schönheit, Haut und alles, was damit zusammenhängt – und Ihr traum wird Wirklichkeit werden!Mit zahlreichen Rezepten und den »Sieben magischen Tips gegen Zellulitis«.

Melissa Bónya

Die schlanke Hexenküche

128 Seiten . brosch. ISBN 3-934254-21-7

Pfunde einfach wegzaubern . Wohlgefühlgewicht ohne Jojo-Effekt – mit den Geheimnissen der Natur, so wie es die Kräuterfrauen bereits seit langem praktiziert haben. Altes Wissen, die schlanke Hexenküche, wiederentdeckt von Melissa Bonya, mit Kräutern, Wurzeln, Steinen, Ritualen, Visualisierungen und Meditationen – und mit Hilfe des Mondes.
Ein Buch, das ganz besonders Frauen anspricht, und sie ihr altes Wissen, das sie seit Jahrhunderten in sich tragen, wiederentdecken läßt. Schlank durch Magie. Leben und sich wohlfühlen - im Einklang mit der Natur.

Weisheiten der Liebe

Gesammelt und zusammengestellt von Stella Maris

52 Karten + Booklet in einer Box, ISBN 3-934254-22-5

Worte der Liebe für den Alltag und ein liebevolles Miteinander, von Heine, Goethe, Novalis, Hesse, u.v.a.: Als Liebeserklärung, als Botschaft des Lächelns, als Gedanken der Ruhe in der Hektik des Tages, als Zeichen der Versöhnung nach einem Streit ... Für Liebende und alle, die mehr Liebe in ihr Leben bringen möchten:
»Und könnte ich reden mit Menschen und Engelszungen und hätte der Liebe nicht, so wäre ich ein tönernes Glas und eine hölzerne Schelle.«

Barbara Vödisch

Lady Nada: Botschaften der Liebe

196 Seiten . brosch. ISBN 3-926374-75-6

Hier ist die Antwort aus der geistigen Welt zu einem Thema, das die Menschheit seit jeher bewegt hat.
Nada, Aufgestiegene Meisterin, spricht über das Thema Liebe in all seinen Facetten: Die Liebe zu sich selbst und zu anderen; zu Pflanzen und Tieren; Kontakt mit der geistigen Welt - das sind nur einige Themen dieses Buches, aus dem so viel Liebe strömt, daß einem bei der Lektüre ganz warm und das Herz ganz weit wird.

Evelyn Felderbach

Das verschlossene Buch oder Die Magie der Liebe

Neu erzählt nach dem phantastischen Roman von Gustav Goes

Mit den Originalbildern von T. Schönecker

160 Seiten . brosch. ISBN 3-934254-30-6

Diese überaus spannende Erzählung entführt den Leser gemeinsam mit ihrer Hauptperson in eine Phantasiewelt, in der Magie und Wunder alltäglich sind.
Und wie in einem weltbekannten Jugendroman, der allerdings viele Jahre später entstand, ist es ein Buch, hier eben "Das verschlossene Buch", das unseren Helden Johannes gefangen nimmt, damit er die Schlüsselfigur im Kampf zwischen Hagan, dem gewaltigen Magier, und Alifa, der liebevollen Prinzessin, zwischen dem Adler von Schloß Ivin und der weißen Taube von Schloß Alcandar, wird.
Ein in jeder Hinsicht »zauberhafter« Roman, der so fesselnd und leicht geschrieben ist, daß ihn wohl die meisten Leser »in einem Rutsch« durchlesen und die Zeit vergessen werden.